自分とは何か

——「自我の社会学」入門

船津衛 著

恒星社厚生閣

はしがき――本書の目的と構成

現代人の自我が危機に瀕《ひん》しているといわれる。人々は「自分が何だかよくわからない」、「自分はどうしたらよいのかわからない」と訴え、自分を明確に確認できない「アイデンティティの喪失」状態に置かれてしまっている。

人間において自分のことは自分ではよくわからない。自分のことを自分一人で知ることはむずかしく、他の人間を通じて自分を知る必要がある。人間の自我は孤立したものではなく、常に、他の人間とのかかわりをもつ社会性を有している。作家の鷺沢　萌によれば、「他者がいなければ自己も存在し得ない。つまり『私』という『自分』は、他者によって生かされている」（鷺沢　萌『待っていてくれる人』角川文庫、二〇〇七）。自我は他者あってのものである。

自我は、これまで、孤立したイメージにおいて考えられてきた。しかし、この自我のあり方は、次第に、自己中心的となり、他者の存在を無視したり、他者を自己の目的の手段として利用する利己主義になってしまった。ここから、人間の自我を、本来、他の人間とかかわりをもつ社会的なものであると考える必要がある。現代人の自我の状況は自我自体の消滅を意味するのではなく、孤立的な「近代的自我」のイメージの消滅を意味している。そこにおいて「アイデンティティの喪失」はあっても、「自我の喪失」はなく、あるのは「自我の変容」である。

本書は、人間の自我を他の人間とともにあり、他者とのかかわりにおいて社会的に形成されるものと考え、そのことを具体的に明らかにすることを目的としている。そして、他者や社会との関係が異なることによって、自我のあり方が多様なものとなることを考察している。

第一章は、人間の自我のあり方について、自我の孤立性ではなく、自我の社会性が強調され、自我が他者とのかかわりにおいて社会的に形成され、展開されることを明らかにしている。

第二章は、自我の社会性について、C・H・クーリーの「鏡に映った自我」の概念を取り上げ、他のひとがどのように認識しているのか、他のひとがどのように評価しているのか、それらに対して自分がもつ自己感情から自我が成り立っていることを考察している。

第三章は、「柔らかい個人主義」(山崎正和)、「人と人との間」(木村　敏)、「間人主義」(濱口恵俊)の概念を検討した上で、人間の自我が古今東西すべて社会的であることを強調している。

第四章は、自我がかかわる他者には「親密な他者」と「疎遠な他者」が存在することが指摘される。そして、M・ブーバーの「汝《なんじ》」と「ソレ」という概念を検討し、自我には「ワレ―汝」的ワレと「ワレ―ソレ」的ワレが存在することを明らかにしている。

第五章では、G・H・ミードの自我論を検討し、自我は他者の「役割取得」を通じて生み出されるものであり、他者が複数存在する場合は「一般化された他者」の期待とのかかわりにおいて自我が形成されることを明らかにしている。

第六章において、これまでの社会学における人間のイメージが社会の期待に外から拘束されて、受け身的に自己の行為を行う「ホモ・ソシオロジクス」（R・ダーレンドルフ）であったことが指摘される。しかし、人間は社会的存在ではあるが、完全に社会化されてしまった存在ではないことを強調している。

第七章においては、複数の相異なる両立不可能な期待に直面して悩み、苦しむ「役割コンフリクト」について考察し、役割内コンフリクト、役割間コンフリクト、パーソン・ロール・コンフリクトの三つがあることを指摘し、その解決策として、主要役割の選択、役割中和、役割コンパーメント化、役割脱出があることを論じている。

第八章では、他者がプラスやマイナスのレッテルを貼る「ラベリング」を問題とし、それが自我のあり方に大きな影響を与えていることを指摘している。そして、「ラベリング」がストレートに自我のあり方を決定するのではなく、それに反発し、乗り越えるあり方も存することを言及している。

第九章は、言葉や身振りなどによって、自分の意志や思考、また職業や地位などが表現されることを取り上げ、そのような自己の表現には一定の形式があり、表現形式の学習が意識的に行われる必要性を主張している。

第十章では、ケータイやインターネットの普及によって、自己発信する自我が大幅に増え、また、他者の拡大に伴って自我が拡大し、自我の変容が生じることを具体的に論じている。

第十一章では、身振り、手振り、顔の表情、目の動き、髪型、服装、携帯品、持ち物など、言葉以外の「外見」が言葉以上のことを表現し、言葉に代わる自己表現メディアとなりつつあることを指摘している。

第十二章では、自己を他者に印象づけ、他者の是認や信頼を勝ち取る「印象操作」には、他者によい印象を与える積極的、攻撃的タイプと悪い印象を回避する消極的、防衛的タイプがあることを述べ、また、表層的な「印象操作」に対して、深層的な「感情操作」もあることが論じられている。

第十三章では、他者の期待とは少し異なる行動をとる「役割距離」について考察し、そこに「本当の自分」を示そうとする気持ちが表されることを指摘している。そして、「役割距離」行動を言葉によってカバーする「調整」行為は、自分に対するマイナスの評価を免れ、自己の存在を他者に認めさせようとすることであるとしている。

第十四章は、既存の役割期待の枠を越えて、新たな人間行為が展開する「役割形成」について検討し、具体的な例として視聴者の自我および高齢者の自我のあり方について考察がなされている。

第十五章では、自我は言語によって構成されるとする社会構成主義、また、ナラティヴの変容が自我の変容をもたらすと考えるナラティブ構成主義について検討し、そこにおいて、人間の内的過程の解明がさらに必要であることが述べられている。

第十六章では、ミードが自我を「客我」と「主我」の二側面に分けたことを取り上げ、「客我」が自我の社会性を示し、「主我」は人間の主体性を表し、それは創発的内省を意味することを解明している。

このように、本書においては、人間の自我のあり方について社会学的な考察がなされ、自我が孤立的ではなく、他者とのかかわりにおいて社会的に形成され、展開することが示されている。そして、このような自我のあり方を現実に即して具体的に解明することが本書の目的となっている。

読者は、本書を通じて、人間の自我が社会的であることを何よりも理解してほしい。そのために、「鏡に映った自我」、「柔らかい個人主義」、「人と人との間」、「間人主義」の概念について、理論的のみならず、その内容を具体的に検討してくれればと思う。ついで、自我が他者とのかかわりに形成されることを、他者の「役割取得」、

「一般化された他者」の概念を用いながら、自分の自我の形成について具体的に考えてみてほしい。

そして、人間が完全に社会化されてしまった存在ではないことを「役割コンフリクト」や「ラベリング」に関して検討し、そこから、人間の積極的行為として自己表現、「役割距離」、「調整」行為、「役割形成」について考察し、その意義について具体的に明らかにしてもらえればと思う。

それとともに、人間の主体的あり方を生み出すものとして「主我」、そして創発的内省が存在し、それによって、人間が自我を変容し、また他者や社会を変容することを明らかにし、そのためにも、人間の内的過程の解明がさらに必要であることを十分理解してほしい。

本書によって、人間の自我のあり方についてさまざまな見方を知り、現代人の自我の様相を理解するとともに、自分自身の自我のあり方を考えるきっかけとなればと願っている。

なお、本書は『自我の社会学』（放送大学教育振興会、二〇〇五）をベースに、それを修正、変更、再構成するとともに、第十章「変容する自我―ケータイする自分、ネット上の自分」を新たに書き加えている。また、各章ごとにQ＆Aを設けるとともに、ブック・ガイドを載せている。

今回、恒星社厚生閣のご厚意により、このような形で出版できたことは望外の喜びであり、心から感謝したい。片岡一成社長、編集部白石佳織さんには大変お世話になり、厚くお礼申し上げる次第である。

二〇一〇年九月

船津　衛

自分とは何か――「自我の社会学」入門　目次

第十六章　創発的に内省する自我――「自我の社会学」の展開

自分とは何か——「自我の社会学」入門

第一章　「自分とは何か」――「自我の社会学」の課題

一　「アイデンティティの喪失」

こんにち、「アイデンティティ」という言葉が日常的に多く用いられている。「アイデンティティの確立」とか、「アイデンティティの危機」とか、あるいは「アイデンティティの喪失」というタイトルが新聞や雑誌などによく見られるようになってきている。

「アイデンティティ」とは人々が「自己を確認すること」である。「アイデンティティ」(identity) の訳語として「自己（自我）同一性」がよく用いられているが、それが「自己が同じこと」、「自分が過去も現在も変わらないこと」という意味だとすると、やや狭い感じを与える。「アイデンティファイ」(identify) という英語は「自分を確認する」という意味であり、「ＩＤ（アイデンティティ）カード」は自分を証明することによって本人と確認してもらう身分証明書のことである。したがって、他のひとに対して自分を証明し、そして自分に対しても自分を証明すること、つまり、「自己を確認すること」が「アイデンティティ」ということになる。そして、「自己を確認することができないこと」が「アイデンティティの喪失」である。いわゆる「ここはどこ、私は誰」、すなわち、「自分がどこにいるのか、また、何であるのか、よくわからない」という状態が「アイデンティティの喪失」である。

最近、「自分が何であるのかよくわからない」と訴える学生が多くなっている。大学に入ったけれども「何をしたらよいのかわからない」、二年、三年になっても変わらず、四年生になっても「何をしたらよいのか、まだ、わからない」という学生も少なくない。このようなことから、「アイデンティティの喪失」が現代の若者の状況を表すといわれている。現代の若者は自立心が弱く、依存心が強いといわれる。過保護に育てられ、「よい子」として成長してきたので、自ら考え、自ら行為するという独立性や自律性をもたなくなってしまった。その結果、大学に入って「何でも好きなようにしてよい」といわれても、「何をどうしたらいいのかわからない」と訴えるようになり、そこから、「アイデンティティの喪失」状態に陥ってしまうことになる。

そこにおいて、いわゆる「五月病」が生じる。「五月病」とは四月に入学した新入生が精神的に不安定な状態となることを指している。しかし、いまや、その症状は入学時の五月だけに止まらず、夏にも、秋にも、冬にもと通年化し、また、二年、三年、さらには四年生になってもなお「五月病」が生み出されている。

溝上慎一によると、それは「ユニバーシティ・ブルー」である（溝上慎一『現代大学生論』二〇〇四)。「ユニバーシティ・ブルー」とは大学生が入学前には大学に入ったら好きなことを思いっきりやろうと思っていたけれども、入学後、それがうまく実現できないので、あせり、憂鬱《ゆううつ》になってしまう状態を指している。「五月病」はまた、就職後まもない新入社員にも現れるようにもなってきている。「やる気が出ない」、「充実感がない」、「仕事がうまくいかない」と訴えて、会社に出勤することを拒否し、家に引きこもってしまうようになる。それはまさに「アイデンティティの喪失」状態を表している。

「自分とは何か」という問題を明らかにするためによく用いられるテストにTST※法が

※TST(Twenty Statements Test of Self-Attitude)
「自己態度に関する二〇回答テスト」のこと。自我の経験的把握を行うために、"Who am I ?"(「私は誰ですか」)という問いに対して、二〇の回答をしてもらうものである。そして、人々の自我を「物質的・身体的自我」、「社会的自我」、「精神的自我」などにタイプ分けする。

表 1-1　TST法

Who am I ?
(「私は誰ですか」)

1. 私は ……………………
2. 私は ……………………
3. 私は ……………………
4. 私は ……………………
5. 私は ……………………
6. 私は ……………………
7. 私は ……………………
8. 私は ……………………
9. 私は ……………………
10. 私は ……………………
11. 私は ……………………
12. 私は ……………………
13. 私は ……………………
14. 私は ……………………
15. 私は ……………………
16. 私は ……………………
17. 私は ……………………
18. 私は ……………………
19. 私は ……………………
20. 私は ……………………

ある。これはアイオワ大学のM・H・クーン（Kuhn）を中心とする研究者たちが自我を経験的に把握するために作成したものである。TST、つまりTwenty Statements Test of Self-Attitude（「自己態度に関する二〇回答テスト」）は"Who am I ?"（「私は誰ですか」）という問いに対して、二〇の回答をしてもらうものである［表1-1］。その回答を①物質的・身体的もの、②社会的なもの、③精神的なもの、④その他の四つに分け、それぞれにa、b、c、dという符号を当てる［表1-2］。そして、二〇の回答のそれぞれにa、b、c、dの符号を付け、そのなかで最も多いものを代表にして「Aモード」、「Bモード」、「Cモー

表 1-2 「私は誰ですか」に対する回答例

(a)物質的・身体的なもの
私は大きな家に住んでいます. 私は背が高いです. 私はやせています. 私は最近太ってきました. 私は花粉症に悩まされています.
(b)社会的なもの
私は課長です. 私は長女です. 私は大学生です. 私は三人兄弟の末っ子です. 私はお金持ちになりたいです.
(c)精神的なもの
私は緊張しています. 私は落ち込んでいます. 私は幸せです. 私は几帳面(きちょうめん)です. 私は人見知りがはげしいです.
(d)その他
私はロボットです. 私は火星人です. 私は花です. 私はセーラームーンです. 私は私です.

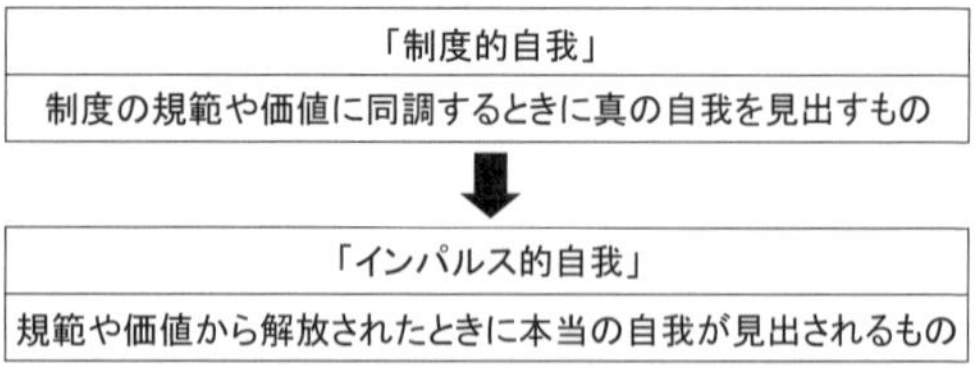
「制度的自我」
制度の規範や価値に同調するときに真の自我を見出すもの
「インパルス的自我」
規範や価値から解放されたときに本当の自我が見出されるもの
図1-1　「制度的自我」から「インパルス的自我」へ

ド」、「Dモード」と名付ける。そこから、あなたの現在の自我の状況は「Aモード」、「Bモード」、「Cモード」、「Dモード」であると判定する。

これまでに行われたテストの結果では「Bモード」、つまり、社会的なもので答えるひとが圧倒的に多かった。しかし、こんにちでは「Cモード」、すなわち、精神的なもので答えるひとが増えてきている。自分が社会的なものに当てはまらず、そこにうまく位置づけられないので精神的なもの、すなわち、自己の内部に自分のありかを見出すようになっている。

この「Bモード」から「Cモード」への変化について、アメリカの社会学者R・H・ターナー※（Turner）は「制度的自我」から「インパルス的自我」への移行と規定している。「制度的自我」とは制度の規範や価値に同調するときに真の自我を見出すものであり、「インパルス的自我」とはそのような規範や価値から解放されたときに本当の自我が見出されるとするものである［図1-1］。この場合、「インパルス」は衝動という狭い意味だけでなく、自分の内部にある欲求や願望、また、気持ちや意志なども含んでいる。人々の自我はこのような「インパルス」が自由に発現できる「インパルス的自我」へと変化しつつある。人々

※ターナー（Ralph Herbert Turner）（一九一九－二〇一四）
アメリカの社会学者。カリフォルニア大学ロサンゼルス校教授。社会学理論のひとつであるシンボリック相互作用論の中心的な研究者であり、社会移動、自我、役割、準拠集団、集合行動、災害などの研究において多くの業績をあげている。

は制度における自分のあり方に疑問を感じ、制度の中の自分は本当の自分ではないと思うようになり、真の自我の実現を求めて「制度的自我」から離れて「インパルス的自我」に移っていくようになっている。

このTST法に関して、現在、重要な問題が出てきている。それは「私は誰ですか」という問いに対して回答することがむずかしく、二〇全部を答えられないひとが多くなっていることである。このことは、人々が「自分が何であるか」という問いに対して確信をもって答えることが次第に困難になってきていることを表している。自我が分断され、分裂され、あるいは疎外されて、さまざまなアイデンティティ・トラブルが生じてきている。ここから、自我の危機がいわれ、人々の自我は喪失してしまったといわれている。

二　自我はタマネギである

「自分はどうしたらよいのかわからない」と強く思うひとが、さらに自分を問い詰め、「この世に自分の存在価値など何もない」という「自己否定」を行う。そして、自分の身体を故意に傷つける自傷行為や自分の命を捨てる自殺を企てたりするようになる。あるいは、これとちょうど反対に、自分の全面肯定、つまり「自分は絶対であり、他のひとはすべてだめだ」と思い込み、そこから、「他者否定」を行うようになる。「自分はどうしたらよいのかわからない」という不安から逃れるために「他者否定」に向かい、他のひとに対して暴力をふるったり、さらには、ひとの命を奪ったりするようにもなる。このような「自己否定」も「他者否定」も根は同じであり、その底に「アイデンティティの喪失」があり、そこから自分を問いつめてしまうことになる［図1-2］。

そして、「アイデンティティの喪失」は若者だけではなく、現代人の多くにあてはまる事柄となってきている。現代において、人々は自分を知ることが困難な状態になってきており、「自分は何だかよくわからない」、「どうしたらよいのかわからない」という「自分は何、私は誰」問題に悩むようになってきている。このようなことから、現代人の自我が危機に直面しているといわれる。人々は自らの自我を明確に確立することができず、ただ、あいまいな状態のままに放置されている。そして、多くのひとが「アイデンティティの喪失」を経験するようになり、そこから自分を問い詰めるようになってしまっている。

しかし、自分を問い詰めても何も出てこない。なぜなら、自我はタマネギのようなものだからである。タマネギの皮を剥《む》いていけば、芯《しん》のようなものが出てくると思っても、最後まで何も出てこない。自我もそういうものであり、自分を問い詰めていっても、何かが出てくるわけではなく、そこには何も存在しない。自我はタマネギと同じようなものであり、問い詰めていっても何も出てこない。そうすると、「自分には、結局、何もないのだ」と簡単に結論づけ、「自己否定」や「他者否定」に走ってしまうようになる。実は、この

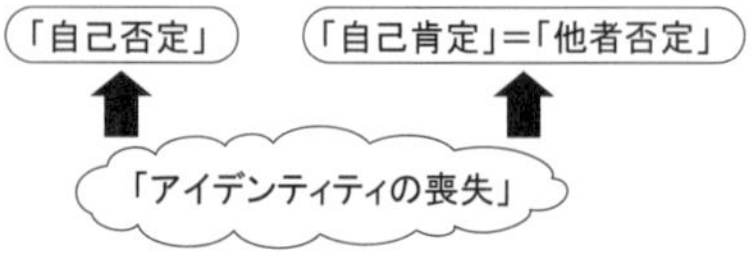

図 1-2 「自己否定」,「他者否定」

剥いて捨てたタマネギの皮が自我を形づくっている。皮は親の期待、友達の期待、先生や先輩の期待など、他の人々の期待を意味する。これらの期待の組み合わせが自我をつくり上げている［図1-3］。

このように、人間の自我は他者の期待とのかかわりにおいて形づくられている。自我は他者の期待との関係において社会的に形成される。人間の自我はそれのみでできているのではなく、常に他の人間とのかかわりにおいてつくり上げられている。このことを明らかにしようとするのが「自我の社会学」である。

三　「自我の社会学」の課題

人間において、自分のことは自分一人ではわからない。そこで、他のひとを通じて初めて自分がわかることになる。化粧をしても鏡を見なければ、うまく化粧できたかどうかわからないし、ブティックで見た洋服が自分に合っているかどうかは自分ではわからない。そういう場合には他のひとの判断を仰がなければならない。また、眼鏡ショップで購入しようとする眼鏡が自分の顔に合っているかどうかは、他のひとに見てもらう必要がある。自我もまた、他のひとを通じて自分がわかるようになる。

人間の自我は社会的なものである。自我は孤立したものではなく、常に他の人間とのか

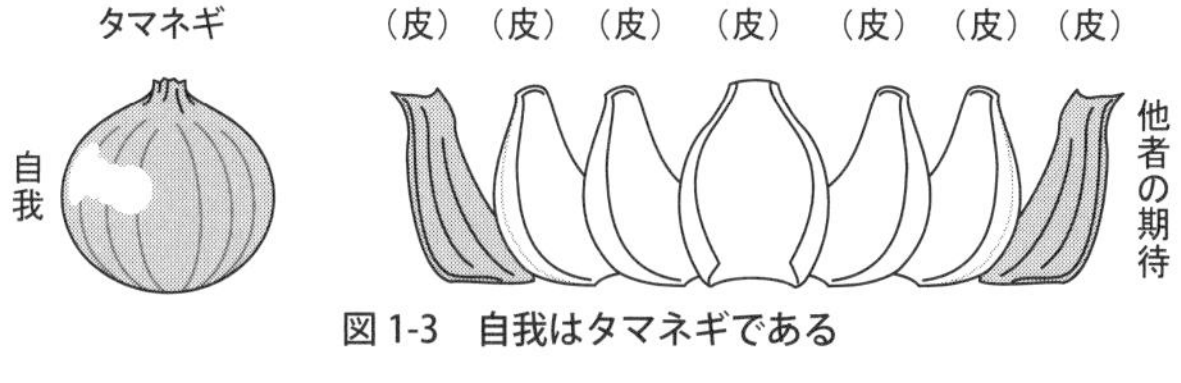

図1-3　自我はタマネギである

かわりをもっている。自我は他の人間との関係において社会的に形成され、展開される。自我は本質的に社会的存在である。したがって、自我は他者や社会と無関係に存在することができない。他者や社会から遊離したときには自我は自己を見失い、消滅するしかない。その意味において自我はまことに社会的である。このことを自我の社会性という。

自我は、これまで、孤立したイメージで考えられていた。その代表がフランスの哲学者R・デカルト※（Descartes）の「ワレ思う、故にワレあり」という言葉である。「ワレ思う、故にワレあり」という言葉は、デカルトにおいて、あらゆることを疑っても疑うことができないものがあり、それがワレであるという意味である。そのことが、人間の生き方としてワレはワレのみで生きていくのであり、自分以外の他のひとは特に必要がないという生き方を表すようになっている。このような生き方は近代社会の成立とともに登場し、自由で独立な人間のあり方を表し、近代に特有な「近代的自我」とされてきている。「ワレ思う、故にワレあり」という生き方は歴史的にも大きな役割を果たし、フランス革命の精神的支柱となったともいわれている。いまでも、このことは人々の理想像ともなっており、青年期の自我の目覚めは親や周りの人間から離れて一人になることであるともいわれている。

しかし、このような生き方が次第に自己中心的となり、他者の存在を無視したり、他者を自己の目的のために利用するようになってしまった。つまり、エゴイズムとなってしまい、その結果、社会の拡散や社会の解体が生じ、無規範、無規制状態という「アノミー※」

※デカルト（René Descartes）（一五九六ー一六五〇）。フランスの哲学者、数学者、物理学者。精神と物質との二元論を確立した。そして、すべての知識を疑いの対象として検討した結果、「ワレ思う、故にワレあり」ということは疑いのない事実であると結論づけた。著書に『方法序説』（一六三七）、『省察』（一六四一）、『哲学原理』（一六四四）、『情念論』（一六四九）などがある。

がもたらされるようにもなっている。自己中心的な「近代的自我」は「アノミー」を生み出してしまう。このようなことから、人間の自我は、本来、社会的なものであると考える必要がある。

現代人の自我の状況は、自我自体の消滅を意味するものではなく、孤立的な「近代的自我」のイメージの消滅を意味している。そこにおいて、「アイデンティティの喪失」はあっても「自我の喪失」はなく、あるのは「自我の変容」であるといえる。このように、自我をあくまで他の人間とともにあると考え、自我が他者とのかかわりにおいて社会的に形成されることを具体的に明らかにするのが「自我の社会学」の課題となる。

※アノミー（anomie）
社会のルールが有効性を失い、無規制・無規範状態になり、混乱が生じてしまうようになること。フランスの社会学者 É・デュルケム（Durkheim）が、もともとはギリシャ語であったものを、社会学用語として初めて用いた。社会が急激に変化するようなときには、アノミー状態が広がり、非行や犯罪、また自殺や殺人が発生するようになる。

Q & A

Q

現代人の自我の状況はどういうものであるのか。これまでの近代的自我のイメージはどのようなものであり、また、自我は本来どのようなものであるのか。そして、「自我の社会学」の課題はどのようなことにあるのだろうか。

A

現代人は、自分を確認することができない「アイデンティティの喪失」状態に置かれている。そこから、「自己否定」や「他者否定」に走ってしまうようになる。

これまでの自我の中心的イメージである「近代的自我」は、他者の存在を考えない孤立的なものであった。しかし、このような生き方が次第に自己中心的となり、他者の存在を無視したり、他者を自己の目的のために利用するエゴイズムとなり、社会のアノミー状態を生み出してしまっている。

しかし、人間の自我はそれだけでできているのではなく、常に他の人間とのかかわりにおいてつくり上げられている。自我は、本来、社会的なものであり、親の期待、友達の期待、先生や先輩の期待など、他の人々の期待とのかかわりにおいて社会的に形成され、展開するものである。

このように、自我を他の人間とともにあるものと考え、自我が他者とのかかわりにおいて社会的に形成されることを具体的に明らかにすることが「自我の社会学」の課題である。

ブック・ガイド

E・H・エリクソン、小此木啓吾訳『自我同一性』誠信書房、一九七三（原著一九五九）。

「自我発達と歴史変動」、「健康なパーソナリティの成長と危機」、「自我同一性の問題」の三つの論文からなり、自我と社会の変容をフォローしながら、青年期のアイデンティティの危機の状況について明らかにしている。

井上　俊ほか編『自我・主体・アイデンティティ』岩波書店、一九九六。

自我、主体、自己と他者、「自我」の社会学、アイデンティティの社会学、「近代的自我」の系譜、そして自我の変容などについて、多くの論者によってわかりやすく論じられており、現代社会における自我の問題を知るのに格好の書となっている。

溝上慎一『現代大学生論』日本放送出版協会、二〇〇四。

現在の大学生の「ユニバーシティ・ブルー」現象について、エリクソンの理論を踏まえて、一九六〇年代、七〇年代、八〇年代、九〇年代のキャンパスライフの状況や大学生の生き方について具体的に明らかにしている。

第二章　「鏡に映った自我」――鏡としての他者

一　「鏡に映った自我」

ひとは自分の顔を自分で見ることができない。自分が、いま、どのような顔をしているのか自分では知ることができない。自分の顔の状態を知るためには鏡を見る必要があり、鏡を見れば自分の顔がどうなっているのかを知ることができる。人間の自我も自分ではわからない。自我を知るためには他のひとが必要である。他のひとを鏡として、鏡としての他者を通じて初めて知ることができる。自我は、アメリカの社会学者のC・H・クーリー※(Cooley)によれば「鏡に映った自我※」(looking-glass self)である。

「鏡に映った自我」という概念は、人間の自我がいかに社会的にできあがっているのかを的確に表現している。クーリーは人間の自我が社会的なものであると考え、自我は他の人間とのかかわりにおいて社会的に形づくられており、決して孤立的ではないと主張している(Cooley, *Human Nature and the Social Order*, 1902)。

自我は、これまでは、どちらかといえば孤立的なものとして考えられてきた。その代表

※クーリー(Charles Horton Cooley)
(一八六四―一九二九)。
アメリカの社会学者。ミシガン大学教授。自我、集団、社会組織、社会過程について研究を行った。著書に『人間性と社会秩序』(一九〇二)、『社会組織論』(一九〇九)、『社会過程』(一九一八)の三部作がある。

※鏡に映った自我(looking-glass self)
クーリーの用語。自我は他者との関連で社会的に形成されることを表す言葉である。人間の自我は親や友達、また先輩や先生などが、自分をどう見ているのか、また、どう

がデカルトの「ワレ思う、故にワレあり」という孤立的な自我のイメージである。自我の社会性を強調するクーリーはデカルトの言葉をきびしく批判している。クーリーによれば、デカルトの「ワレ思う、故にワレあり」はきわめて不十分な表現である。なぜならば、自我は人間の誕生とともに最初からあるのではなく、成長が進んだ段階において初めて現れてくるものだからである。人間には最初から自我があるのではなく、赤ん坊は自我をもってこの世に生まれてくるのではない。そして、クーリーがいうには、ワレはワレワレの中において生まれ、発達するものである。自我は親や兄弟姉妹などの他の人間との関係において形成されるものである。ここから、クーリーは「ワレ思う、故にワレあり」ではなく、「ワレワレ思う、故にワレあり」の方が適切な表現であると述べている［図2-1］。

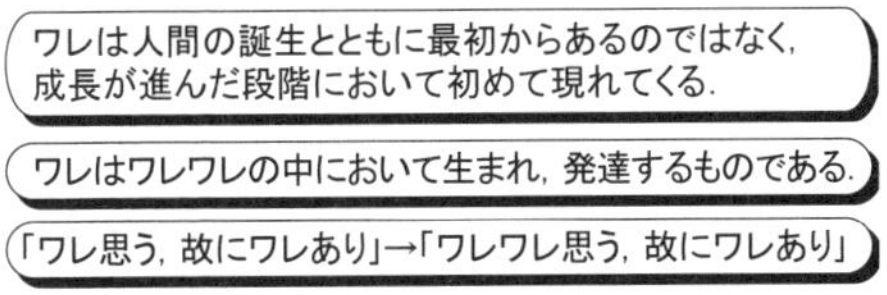
ワレは人間の誕生とともに最初からあるのではなく，成長が進んだ段階において初めて現れてくる．
ワレはワレワレの中において生まれ，発達するものである．
「ワレ思う，故にワレあり」→「ワレワレ思う，故にワレあり」

図 2-1「ワレ思う，故にワレあり」→「ワレワレ思う，故にワレあり」

「近代的自我」のイメージである孤立的自我のあり方とは対照的に、自我は社会的存在である。クーリーの見解では人間の自我は孤立したものではなく、社会的なものであり、他の人間とのかかわりにおいて社会的に形づくられるものである。人間の自我が社会的に形づくられることを最もよく表現した言葉が「鏡に映った自我」の概念である。人間の自我は他者を鏡として、鏡としての他者を通じて初めて知ることが

評価しているのかを知ることによって、自分を知ることができるようになる。

できるようになる〔図2-2〕。

　人間は自分の顔や姿を鏡に映すことによって具体的にわかるように、人間の自我は他者を鏡として、鏡としての他者を通じて知ることができる。親や友達、先輩や先生が自分をどう見ているのか、また、どう評価しているのかを知ることによって、自分を知ることができるようになる。自我はまさに「鏡に映った自我」として他者との関連で社会的に形成されている。

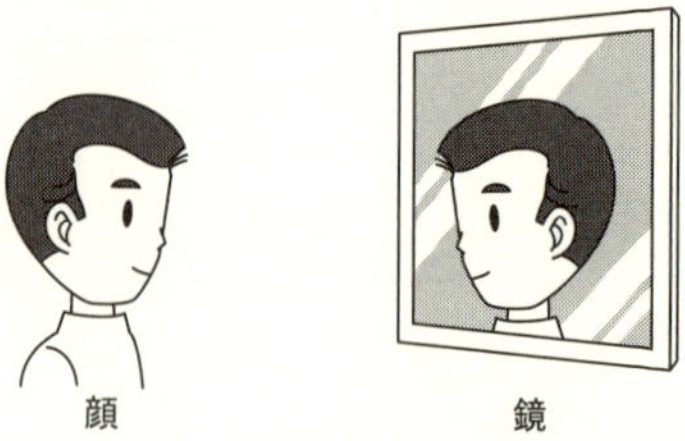

図2-2　「鏡に映った自我」

二　「第一次集団」

　クーリーは社会集団のタイプ分けを行った社会学者として有名である。かれは人間の社会集団を「第一次集団」(primary group)と「第二次集団」(secondary group)の二つのタイプに分けたといわれている。

　「第一次集団」には家族、子どもの遊び仲間、大人の近隣集団や地域集団が含まれている。「第一次集団」は、フェイス・トゥ・フェイス(face-to-face)の親密な結び付き(intimate association)と協同(cooperation)によって特徴づけられる。フェイス・トゥ・フェイスとは互いの顔を直接に見ることができることを表している(クーリー『社会組織論』

表2-1　第1次集団と第2次集団

第1次集団	フェイス・トゥ・フェイスの親密な結びつきと協同によって特徴づけられる集団	家族, 遊び仲間 近隣集団, 地域集団
第2次集団	目的・利害・関心のために意図的につくられ, インパーソナルな関係からなる集団	企業, 労働組合, 政党 大学, 宗教団体, 国家

一九〇九)。これに対して、「第二次集団」は企業や労働組合、政党、また大学や宗教団体、国家がその代表例である。「第二次集団」は一定の目的・利害・関心のために意図的につくられた集団であり、その中の人間関係はインパーソナルな合理的な関係から成り立っている[表2-1]。

このように、人間の社会集団には、自然につくられ、そこに親密なパーソナルな関係が存するものと、目的や利益のために意図的につくられ、個人的感情が含まれないインパーソナルな関係からなるものが存在する。それぞれ、「第一次集団」、「第二次集団」と呼ばれる。

クーリーはこのような集団のタイプ分けをした社会学者といわれてきている。しかし、実は、かれ自身は「第二次集団」という言葉を用いておらず、かれの著書のどこにも「第二次集団」という言葉は出てこない。つまり、その後の研究者たちが「第一次集団」と「第二次集団」を組み合わせて、集団のタイプ分けを行ったということである。

したがって、クーリーにおいて「第一次集団」の「第一次」(primary)は「第二次」と対比される「第一次」ではない。クーリーの場合、「第一次」とは対比されない、それ独自の「第一次」には主として三つの意味がある[表2-2]。一つは、人間において社会集団についての最初の経験がなされるという意味である。家族はまさにそれに当たっており、この世に誕生して初めて出会う集団、それが「第一次集団」ということになる。「第一次」

表2-2 「第1次」の意味

第1次	① 最初に経験する社会集団 ② フェイス・トゥ・フェイスの親密な結びつきと協同の存在 ③ 人間の社会性と理想の形成に果たす基本的な役割

の意味の二つめは、フェイス・トゥ・フェイスの結びつきと協同が存在するということである。「第一次集団」の内部の人間関係はフェイス・トゥ・フェイス、つまり、お互いに直接的に顔を見ることでき、また接触できる関係である。三つめが、人間の社会性と理想の形成にとって基本的であるという意味である。これが最も重要な事柄といえる。つまり、家族や遊び仲間という「第一次集団」は、人々の社会性が生み出され、理想を形成することに重要な役割を果たしている。「第一次集団」は人間の自我形成にとって基本的な集団であるということになる。

クーリー自身の言葉によると、「普通の自我は、その意志意欲（ambition）が集団に共通する考え方によって形成される『社会的自我』となるように、第一次集団の中で形成される」（クーリー、『社会組織論』一九〇九）。普通の自我、つまり、一般のひとがもつ自我は「第一次集団」において形成される「社会的自我」となる。このことからして、クーリーは集団を「第一次集団」と「第二次集団」にタイプ分けしたというよりも、自我が「第一次集団」において社会的につくり上げられることを明らかにした研究者というべきであり、さらには、「自我の社会学」の先駆者であるということになる。

三　自己と他者との関係

　クーリーによると、家族や遊び仲間などの「第一次集団」における他者、つまり、親や兄弟姉妹、また遊び仲間は三つの側面において自我の形成にかかわっている。第一に、他の人間がどのように認識しているかについての想像（imagination）を通じてである。第二に、他の人間がいかに評価しているかについての想像を通じてである。そして第三に、これらに対して自分がもつ自己感情※（self-feeling）である。人間の自我は、他の人間の認識や評価を想像し、それによって生じる自己感情からなっている。

　人間は自分の顔や姿を鏡で見ることによってわかる。それと同じように、鏡としての他の人間を通じて自分がわかることになる。親、友達、恋人が自分をどのように見ているのか、どう評価しているのか、そのことを知ることで自己感情が生じるようになる。このように、他者の認識、他者の評価が自我を形づくるのに必要不可欠となっている。ただし、クーリーにおいては自我が自己感情として狭くとらえられているが、しかし、自我は自己感情のみならず、自己認識、自己評価も含まれているといえよう。

　また、クーリーにおいては、自我の三側面が他者の認識、他者の評価、そして自己感情とされており、自己と他者のレベルが必ずしも一致していない。前二つは他者のことであ

※自己感情（self-feeling）
　人間が自分自身についてもつ誇り、屈辱、恥、罪などの感情を指している。

り、後の一つは自己のレベルになっている。したがって、他者の認識、他者の評価、そして他者の感情とし、それに対応して、自己認識、自己評価、自己感情とすべきであろう［表2-3］。

そしてまた、クーリーにおいては、自我は他者の認識や評価が想像を通じて知らされている。そうすると、他者が想像上の他者となり、主観的、観念的なものとなってしまうおそれがある。けれども、実際の他者の認識や評価を具体的に知る必要が出てくる。自我は他者との関係において社会的に形成されている。クーリーの「鏡に映った自我」の概念は自我の社会性を見事に表現したものであり、この概念が「自我の社会学」の出発点となっている。

クーリーが、自分の子どもの言葉の発達を観察していたところ、あることに気がついた。それは人形とか犬という事物に関する言葉は比較的早く用いられるが、ボクとかワタシという人称に関する言葉はなかなか現われてこない。事物に関する言葉は早いけれども、人称に関する言葉はそれに比べて遅くなっている。その理由は、事物に関する言葉は親や大人たちが使った言葉をそのまま模倣すればよいが、ボクやワタシという人称に関する言葉は単なる模倣によるのでは意味をなさなくなるからである。

「キミは誰ですか」と聞かれて、「キミは」で答えるわけにはいかない。その場合、「キミは」ではなく、「ボクは」あるいは「ワタシは」に変えて答えなければならない。子どもが言

表 2-3　自他の関係の 3 側面

	他者	自己
認識	◎	○
評価	◎	○
感情	○	◎

葉をそのように使うのはかなりむずかしいことである。このことができるようになるには時間と能力、つまり、生まれて二、三年を経て、相手の立場に立って、相手との関連において自分を位置づける能力が必要とされる。そのことによって他者の観点から自分をとらえることを身につけるようになる。そこに、ボクやワタシという人称に関する言葉が用いられるようになる。

ただし、日本人の場合は、大人が子どもに向かって「ボクいくつ」、あるいは「ワタシいくつ」と聞くことが多い。そうすると、そのまま、「ボク」、あるいは「ワタシ」で答えることができる。したがって、クーリーの考えはここではあてはまらないことになる。けれども、そこでは大人が他者の立場に立って自己を位置づけることをやっていることになり、原理的には同じことがなされているといえよう。

クーリーによると、子どもが自己を主張するには他者を認識することが前提とされる。つまり、自己主張は他者に向かってなされ、他者によって理解されなければならないことになる。そして、自分の意志や感情を相手に伝えようとするときに、ボクやワタシという言葉が用いられるようになる。そこにおいて、子どものうちに自我の観念が生じてくるようになる。子どもにおいて、自己主張は他者を考慮に入れるものでなければならない。自分の要求を一方的に主張しても、相手の同意を得ることがなかなかむずかしい。それどころか、自分の要求自体が否定されてしまうことも少なくない。

兄弟姉妹の間で物の取り合いがある場合、上の子が自分の要求を勝ち取ってしまうことが多い。それは単に腕力の違いによるだけではない。下の子が一方的に自分の要求をするのに対して、上の子は下の子の気持ちを汲み取りながら、自分の欲しいものをうまく手に入れることができるからである。つまり、上の子は相手の立場に立って、相手との関係において自分の要求をうまく位置づけることができている。

このようなことは子どもだけに限らず、大人も含め、人間全体にもあてはまることでもある。クーリーによれば、人間の「完全な自己実現は自己感情のうちに仲間の目的を取り入れ、自らの人生をその目的達成のための戦いに費やすことにおいて、初めて成し遂げられる」（クーリー『社会組織論』一九〇九）。クーリーの場合、自我イコール自己感情となっているが、より広く、自我全体の形成において自己と他者とのかかわりが密であることが重要な事柄とされている。

このようにして、クーリーは、デカルトの「ワレ思う、故にワレあり」のように、ワレ的、個人的側面を強調することは一面的であり、その考え方は個人主義的であると批判する。そして、「ワレワレ思う、故にワレあり」のように、ワレワレ的自我、つまり、社会的自我を解明すべきであると強く主張した。ここにおいて「自我の社会学」がスタートすることになる。

Q&A

Q

自我の社会性を示す概念としてどのような概念があるのか。そして、クーリーの「鏡に映った自我」の概念はいかなる内容のものであり、それは「第一次集団」とどうかかわりがあるのだろうか。「鏡に映った自我」の概念の意義と問題点はどのようなことであるのだろうか。

A

自我の社会性を示す概念として、クーリーの「鏡に映った自我」の概念がある。「鏡に映った自我」は、人間の自我がいかに社会的にできあがっているのかを的確に表現している。そして、クーリーによると、人間の自我は他の人間の認識や評価を想像し、それによって生じる自己感情からなっている。

クーリーによれば、自我は人間の誕生とともに最初からあるのではなく、成長が進んだ段階において初めて現れてくる。そして、自我は家族や遊び仲間などの「第一次集団」における他者とのかかわりにおいて生み出される。「第一次集団」は人間において最初の経験がなされる集団であり、フェイス・トゥ・フェイスな結びつきと協同が存在し、人間の社会性と理想の形成にとって基本的な集団である。

クーリーの「鏡に映った自我」の概念は自我の社会性を見事に表現したものであり、「自我の社会学」の出発点となっている。ただし、クーリーにおいては自我が自己感情としてとらえられており、また、自己と他者のレベルが必ずしも一致せず、他者が想像上の他者として考えられてしまっている。

ブック・ガイド

C・H・クーリー、大橋　幸、菊池美代志訳『社会組織論』青木書店、一九七四（原著一九〇九）。

社会組織とはここでは企業組織などのような組織体ではなく、より広い全体社会を指している。本書において、理想とする社会は、カーストが存在しないデモクラシーの社会であり、成員が等質で流動性が高く、コミュニケーションと啓発が活発になされる「開かれた社会」であることが主張されている。

井上　俊、船津　衛編『自己と他者の社会学』有斐閣、二〇〇五。

自己と他者とのかかわりについて、認識する私、物語る私、意味を求める私、期待される私、演じる私、感じる私、また、電子メディア上の私、バーチャルな他者とのかかわり、異質な他者とのかかわりわりなど、現代の自我の様相について具体的に検討されている。

井上　俊、伊藤公雄編『自己・他者・関係』世界思想社、二〇〇八。

行為と演技、自己と他者、言語とコミュニケーション、意味、関係などに関する基本的な文献が紹介され、その学説史的背景と現代的意義について論じられている。

第三章　自己と他者—自我の社会性

一　社会的存在としての人間

人間は他の人間とともに生きる社会的存在であり、この世において一人で生きていくことができない。スイスの生物学者A・ポルトマン（Portmann）によると、「人間は自分一人では生きていけない、まことに頼りない存在である」（ポルトマン『人間はどこまで動物か』一九五一）。

ポルトマンによれば、人間は他の人間に依存しながら、生きていく存在である。それは人間が他の動物に比べ、少し早く生まれすぎたからである。少し早く生まれすぎたことを「生理的早産」と呼ぶ。「生理的早産」とは人間が人間以外の他の動物と比べて、少し早く生まれすぎてしまったことを意味している。ポルトマンの指摘によると、人間以外の他の動物の場合は、生まれてすぐに立つことができる。その体型も大人とほぼ同じものであり、大きさが違うだけの相似形となっている［図3-1］。

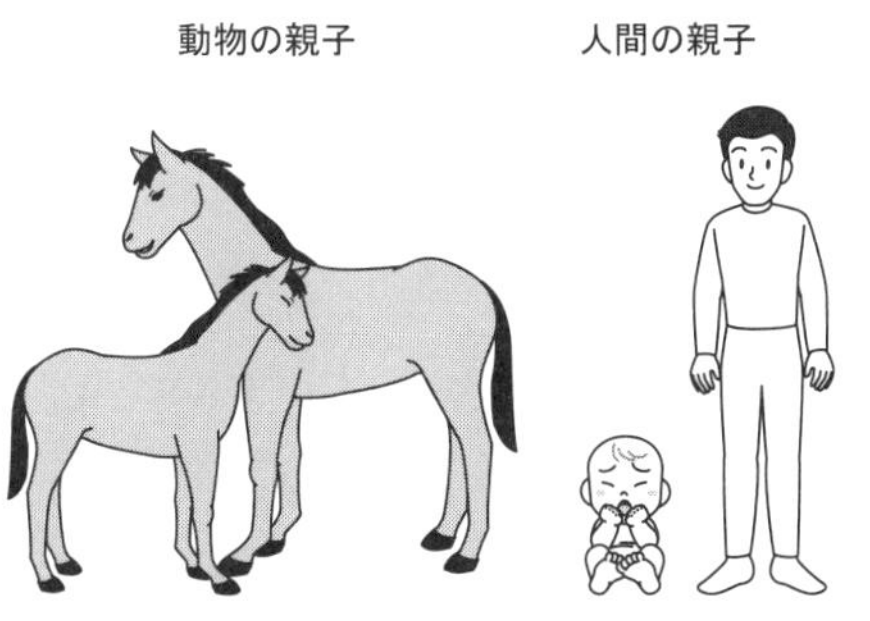

図 3-1　動物の親子，人間の親子

これに比べて、生まれたばかりの人間の赤ん坊は立つことができないし、食べることも、しゃべることもできない。人間の赤ん坊が一人立ちできるのは、少なくとも一歳をすぎてからである。その点において、人間は「生理的早産」である。したがって、人間の赤ん坊の場合は自分一人ではなく、他のひと、つまり母親や父親、また養育者などの助けが必要になる。人間は他の人間に依存しながら生きる存在であり、その意味で、まさに人間は他の人間とともに生きる社会的存在である。

「孤独の人」ロビンソンもまた、他の人間とともに生きる社会的存在であった。ロビンソンとは、D・デフォー（Defoe）が書いた『ロビンソン・クルーソーの生涯と冒険』（一七一九）の主人公ロビンソン・クルーソーのことである。ロビンソン・クルーソーは南海の孤島で、たった一人で生きた人間であり、「一人で生きる人間」の代名詞ともなっている。けれども、かれこそ、典型的な社会的存在であるといえる。南海の孤島に一人上陸したロビンソン・クルーソーが、まず行ったことは住まい造りと畑作りである。その際、かれは難破した船からイギリス産の鋸《のこぎり》や斧《おの》、また鉈《なた》やハンマーなどを持ち出し、それらを大いに活用した。

それればかりではなく、家を造り、畑に種を蒔くときに、かれは木の柵《さく》で土地を丸く囲った。南海の孤島にはほかに誰もいないはずなのに、木の柵で丸く囲むのは理由があった。実は、このやり方は当時のイギリス社会において典型的なやり方である「囲い込み」という方法である。この「囲い込み」は中世の終わりから近代の初めにかけて、イギリス社会に典型的な農作業の方法である「エンクロージャー」(囲い込み)と呼ばれるものであった。つまり、ロビンソン・クルーソーの周りには誰もいなかったが、しかし、かれの頭の中は他の人間でいっぱいであったのである。

経済史家の大塚久雄によると、ロビンソン・クルーソーは当時のイギリス中産階級の理想的人間を表している(大塚久雄『社会科学の方法』一九六六)。大塚によれば、ロビンソン・クルーソーは無駄のない合理的な行動をする「ホモ・エコノミクス」(homo economicus)であり、典型的な近代社会の人間であった。「孤独な人」ロビンソン・クルーソーもまた、他の人間とともに生きる社会的存在であったことになる。

このように、人間は何らかの形において他者とかかわって生きている。そして、その人間の自我は他者との関係において社会的に形づくられている。自我は本質的に社会的である。人間の自我は孤立したものではなく、常に他の人間とのかかわりにおいて社会的に形成されるものとなっている。

二 「柔らかい個人主義」

美学者・劇作家の山崎正和によると、個人主義には「硬い個人主義」と「柔らかい個人主義」

の二つがある(山崎正和『柔らかい個人主義の誕生』一九八九)。「硬い個人主義」とは、産業社会という生産中心の社会における自我のあり方を指し、従来の自我のイメージに当たっている。この「硬い個人主義」の自我は自己を生産の目的として、また手段として考えるものである。「硬い個人主義」の自我は、自己の目的達成がすべてであるとする点で自己本位的であり、また、他の人間を目的達成の手段とするという点において独善的である。「硬い個人主義」の自我は生産中心的な自我であり、それは「近代的自我」を表すものとなっている[表3-1]。

これに対して、「柔らかい個人主義」の自我は、現代消費社会における自我のあり方を指している。「柔らかい個人主義」の自我は目的のために他者や自己を犠牲にしないものであり、同時に、他のひとのことをとりわけ気にするものである。その意味では、他者関連的、他者依存的自我となっている。「柔らかい個人主義」の自我は消費的自我であり、「現代的自我」を指すものとなっている。

山崎のいうように、たしかに、「現代的自我」は、他者のことを気にする「柔らかい個人主義」の自我となっており、それと比べると、「近代的自我」は自己中心的な「硬い個人主義」の自我であるといえる。けれどもまた、「硬い個人主義」の自我とされる「近代的自我」も他者を全く気にしていないわけではないだろう。

「近代的自我」は、イメージにおいて他者を無視した孤立的な自我となっているが、実

表 3-1 「硬い個人主義」と「柔らかい個人主義」

「硬い個人主義」
産業社会という生産中心の社会における自我のあり方. 自己を生産の目的として, また手段として考える. 自己本位的, 独善的自我＝生産中心的自我, 「近代的自我」

「柔らかい個人主義」
現代の消費社会における自我のあり方. 目的のために他者や自己を犠牲にしない. 他者関連的, 他者依存的自我＝消費的自我, 「現代的自我」

際は、そのイメージとはやや異なり、他者を強く意識している自我となっている。イギリスの経済学者、哲学者のA・スミス※（Smith）がこのことを鋭く指摘している。

スミスは「近代的自我」を表す「ホモ・エコノミクス」を描いた学者として有名である。かれもまた、人間は常に他の人間に関心をもつものであると明確に述べている。『道徳感情論』（一七五九）の冒頭において、スミスは「人間はどんなに利己的であろうとも、他の人々の過不足に関心をもつものだ」と述べている。利己的人間でも他人のことが気になるということである。さらに、スミスは「人間というものは他のひとの幸福を必要とするものだ」とさえ述べている。人間には他の人々の幸福を自分にとって必要とする原理がその本性において存在しており、他者への関心、哀れみ、同情、同感が人間のうちに常に存在している。

「ホモ・エコノミクス」は利己的で、自分本位的であり、他者のことなど少しも気にしない人間だとされてきた。しかし、スミスの描く人間はそれとはかなり違っているようである。そしてまた、スミスは人間が自分の外見について、いかに他の人々の評価を気にするものであるかを鋭く指摘している。かれの言葉によると、「人間は他の人々が自分の外見を認める場合には喜び、不快に思う場合には失望するものである。そして、人間は自分を鏡の前に置くことによって、自分を他の人々の目でもって見るように努力する」（スミス『道徳感情論』一七五九）ものである。

※スミス（Adam Smith）（一七二三―一七九〇）
イギリスの経済学者、哲学者。古典派経済学の創始者。一七七六年に出版した『国富論』がよく知られており、自由放任主義の経済のあり方を主張した。近代的自我を表す「ホモ・エコノミクス」を描いた学者として有名である。最近は一七五九年に書いた『道徳感情論』が人間の感情の果たす役割を解明したものとして注目されてきている。

このように、「近代的自我」も何らかの形において、他のひととのかかわりを問わなければならないものとされる。つまり、近代人も他者に大きく依存し、他者との関係において、自我を形成しているといえる。したがって、「近代的自我」も、程度の差はあれ、「柔らかい個人主義」の自我であり、自我は近代においても、また現代においても社会的であり、自我は本質的に社会的であるということができよう。

三　日本人の自我

日本人の自我は他者関連的な社会的自我であるとされてきている。精神医学者の木村敏によると、日本人において、自我は人と人との「間」において決定される。日本人の場合、「自我は自分の『内部』において決定されるのではなく、自分の『外部』において決定される。『外部』、つまり『人と人』、自分と相手の『間』において決定される」(木村　敏『人と人との間』一九七二)。

木村によれば、日本語ではひとの呼び方は、そのつどの具体的な人間関係から決められている。英語において相手を呼ぶ場合の代名詞は"you"だけなのに対して、日本語においては「おまえ」、「君」、「あなた」、「汝《なんじ》」、「貴様《きさま》」、「貴殿《きでん》」とさまざまである。そしてまた、自分を呼ぶ場合も、英語では"I"のみなのに、日本語では「僕」、「私」、「おれ」、「わし」、

表3-2 「不変の一者」と「人と人との間」の自我

「不変の一者」としての自我
いつまでも同じ1つの自我であり続ける西洋人の自我

「人と人との間」の自我
他者との関連において形成され，相手によって変化する日本人の自我

「自分」、「おのれ」と多様である。その理由は、日本語においては自己と他者が最初から決まっているわけではないからである。日本語の場合、友達の前では「ボク」、先生の前では「私」、仲間内では「おれ」というように、そのたびごとの具体的な人間関係から呼び方が決められている。つまり、呼び方はあらかじめ決められているのではなく、そのつどの人間関係で決められていることになる。

そして、木村によれば、このことは日本人の自我のあり方にもあてはまる。すなわち、日本人において自我は人と人との「間」において決定される。日本人の自我は自分の「内部」においてではなく、「外部」、つまり、人と人、自分と相手との「間」において自我が決定される。日本人の自我は孤立しているのではなく、他者との関連において社会的に形成されている。

これに対して、西洋人の自我は「不変の一者」としての自我である。不変とは変わらないことであり、いつまでも同じ一つの自我であり続けることである。西洋人の自我は「不変の一者」としての自我であり、日本人の自我は相手によって変化する「人と人との間」の自我である、と木村は規定している［表3-2］。

この見解とほぼ同じことを、社会心理学者の濱口恵俊が、『間人主義の社会　日本』

（一九八二）において、「日本人は間人主義者である」と主張している。「間人主義」とは「人と人との間に自分がある」という考え方・生き方を指している。

これまで、日本人においては「恥の文化」※が支配的であるとされてきた。アメリカの文化人類学者のR・ベネディクト（Benedict）が『菊と刀』（一九四六）中で、西洋人の「罪の文化」と対比させて日本人の文化を「恥の文化」と規定している。「罪の文化」とは、判断の基準が自分の内部にあり、内面における罪を恐れて行為をコントロールするという西洋人の文化を指している。これに対して、「恥の文化」は、周りのひとの評価を気にして、恥を恐れて行為を統制するという日本人の文化のあり方を意味している。

「恥の文化」の故に、日本人は周りのひとの意見に左右され、自分の責任で判断して行為することがない。日本人は集団主義者であり、日本人には個性や独自性、また主体性がない。その点において日本人は西洋人に比べて劣っているとされてきた。たしかに、日本人は自分一人で行動するよりも、皆と一緒に行動にすることが多く、また、自分独自の意見をもつよりも、全体の意見に従うことの方が多いようである。そういうことが当てはまるので、日本人自身も自分たちの文化は「恥の文化」であり、また、日本人は集団に埋没してしまう没主体的な存在であると思い込んできた。けれども、濱口によれば、実際は必ずしもそうではない。日本人の考え方・生き方は「間人主義」という積極的なものである。「間人主義」は孤立的で独自的な西洋人の「個人主義」とは異なり、「人と人との間に自分

※恥の文化（shame culture）
自己の内面ではなく、他のひととの関係において外面を気にして行動する文化のパターン。アメリカの文化人類学者のR・ベネディクトが、西洋人の「罪の文化」（guilt culture）と対比させて、日本人の文化を「恥の文化」と規定した。

がある」という考え方・生き方を指している［図3-2］。

濱口は「間人主義」の特徴を説明するために、「アウトサイド・イン」と「インサイド・アウト」という二つの行動原理をあげている。「アウトサイド・イン」とは外から内へ向かうことであり、「インサイド・アウト」は内から外へ向かうことである。飛行機を操縦する際の基準には、それを周りに置くか、それとも飛行機中心にするかの二つがあり、周りを基準にすることが「アウトサイド・イン」であり、飛行機中心が「インサイド・アウト」である。それらは飛行機が離陸ないし着陸するときか、上空高くにあがっているときかの違いである。人間の生き方として「アウトサイド・イン」と「インサイド・アウト」のどちらが安全かということになると、それは「アウト・サイド・イン」の方であることになり、また、その方がよりよく自己を主張できることにもなる。

そして、濱口によると、日本人の行動原理は「アウトサイド・イン」の原理から成り立っており、西洋人の行動原理は「インサイド・アウト」の原理からなっている。したがって、西洋人の「個人主義」よりも、日本人の「間人主義」の方が安全で、かつまた、自己をよく主張できるものとなっている。

濱口が、日本人は、他のひととの関係の中に自分がある「間人主義」者であるとすることと、木村が、日本人の自我は「人と人との間にある」とすることはほぼ同じ内容となっており、両者の見解は一致している。木村や濱口の考え方は、日本人の特質を見事に浮か

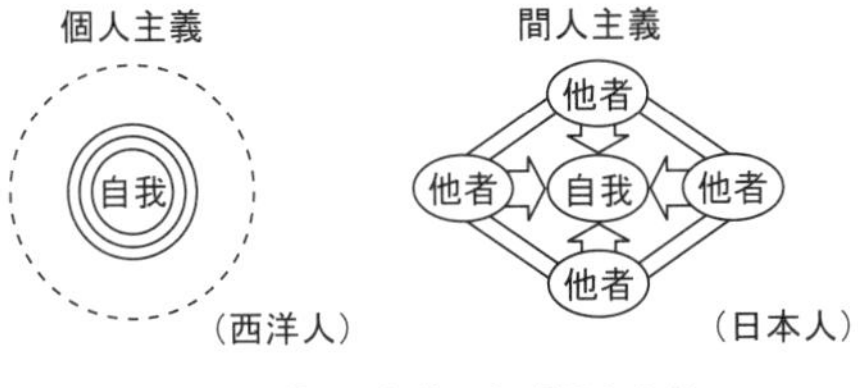

図3-2 「個人主義」と「間人主義」

び上がらせるものであり、また、日本人を勇気づけるものともなっている。

しかし、他方にまた、西洋人の自我を「不変の一者」であり、周りのひとを見ないものと容易に決めつけるわけにはいかない。西洋人もまた、程度の差はあれ、「人と人との間に自分がある」と考え、また行為しているからである。西洋の人々も他の人間のことを気にするし、他者に対する思いやりをもっている。したがって、西洋、日本を問わず、人間皆「人と人との間に自分がある」という「間人主義者」であるといえる。つまり、人間の自我は、おしなべて社会的であるということができよう。

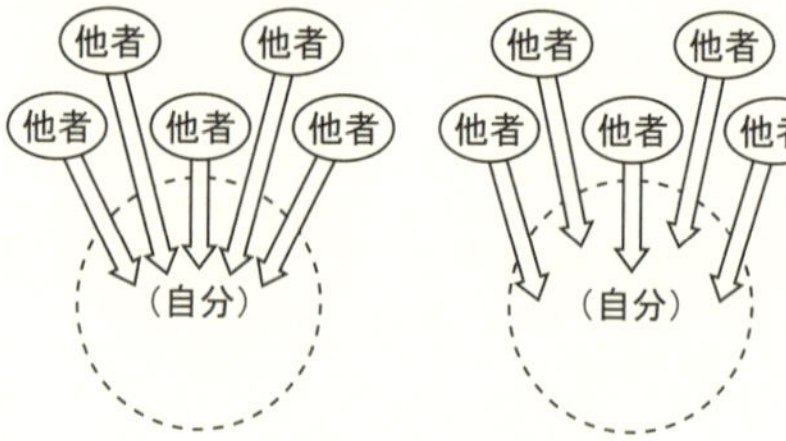

図 3-3　他者の介入

また、木村によると、「人と人の間に自分がある」ということは「統合失調症」※の解明に適応することができる。それは「統合失調症」が人間関係のあり方から生じるものだからである。「統合失調症」とは、「自分は誰か他のひとによって操られている」と強く感じたり、「自分のことが他のひとにすべて皆知られてしまっている」と強く思ったり、あるいはまた、「他のひとが自分の中に入り込んでいる」と考えてしまう症状を指している。その結果として、自分というものが確実にとらえられなくなり、「自分が何だかよくわからない」、あるいは、「自分が自分でない」と感じるという自己不確実感が強くなってくる［図3-3］。

※統合失調症（schizophrenia）
躁鬱（そううつ）病と並ぶ精神疾患のひとつであり、妄想や幻聴を訴えるのが特徴といわれる。これまでは「分裂症」と呼ばれていたが、社会的偏見を避けるために「統合失調症」に変更されてきている。

木村によれば、このような「統合失調症」はそのひとを取り巻く人間関係のゆがみから生じている。「統合失調症」においては、他者の存在がきわめて大きく、その他者が自分の中に入り込んできて、自分と他者が合体してしまっていると感じるようになる。この他者の介入ということは、人間の自我が孤立的ではなく、社会的であることを表している。自己への他者の介入は他者が存在していることが前提とされ、他者が存在しなければ、自己への他者の介入もありえない。他者が存在するから、他者の介入ということが出てくるのであり、その結果として「統合失調症」が生じることになる。

木村によれば、「自己が自己として、自らを自覚しうるのは自己が自己ならざるものに出会った時においてである」（木村　敏『人と人との間』一九七二）。自分が自己として自分を自覚するのは自分が「自己ならざるもの」、つまり、他者に出会ったときにおいてであり、他者がいなければ自己は存在しないことになる。このように人間の自我は他者との関係において社会的に形成されるものである。

Q&A

Q 自我の社会性を表すものとして、どのような概念があるのか。また、「柔らかい個人主義」、「人と人との間」、「間人主義」という概念はそれぞれどのようなことを表しているのか。そして、それらのことは近代人や西洋人にも当てはまらないことなのだろうか。

A

人間は社会的存在であり、その自我は社会的である。この自我の社会性については、「柔らかい個人主義」（山崎正和）、「人と人との間」（木村　敏）、「間人主義」（濱口恵俊）などの概念によって明確に指摘されている。

「柔らかい個人主義」の自我とは、目的のために他者や自己を犠牲にせず、他のひとのことを気にするものであり、それは消費的自我であり、現代的自我を指している。これに対して「硬い個人主義」の自我は自己本位的で、他の人間を目的達成の手段とする点で独善的であり、それは生産中心的な自我であり、「近代的自我」を表している。

けれども、A・スミスによれば、「近代的自我」も他の人々の過不足に関心をもつものである。近代人も他者に大きく依存し、他者との関係において自我を形成している。自我は近代においても、また現代においても社会的であり、自我は本質的に社会的である。

「人と人との間」の自我とは自分の「内部」においてではなく、「外部」、つまり、人と人、自分と相手との「間」において決定されるとする日本人の自我を指し、西洋人の自我の「不変の一者」としての自我と対比されるものとなっている。また、「間人主義」は「人と人との間に自分がある」という日本人の考え方・生き方であり、孤立的で独自的な西洋人の「個人主義」とは異なっているとされる。しかし、西洋人もまた、程度の差はあれ、「人と人との間に自分がある」と考え、行為している。西洋、日本を問わず、人間皆、「間人主義者」であるといえる。すなわち、人間の自我は、古今東西において、社会的である。

ブック・ガイド

木村　敏『人と人との間』弘文堂、一九七二。

人間が自己を見出すのは環境との生命的関係だという観点から、日本人と西洋人の自己意識の違いの根底に自然との出会いの仕方に違いがあるとして、日本人の自我を「人と人との間」にあると主張している。

A・スミス、水田　洋訳『道徳感情論』（上、下）岩波文庫、二〇〇三（原著一七五九）。

本書において、スミスは人間を単なる利己的な存在としてではなく、他人の運不運に関心をもち、他人の幸福を自分にとって必要なものだと感じる存在だと規定して、感情の果たす役割を強調している。

濱口恵俊『間人主義の社会　日本』東洋経済新報社、一九八二。

日本社会は人と人との間柄を重視する社会であり、日本人は西洋人の「個人主義」とは異なり、「人と人との間に自分がある」という「間人主義」という生き方をしており、それにもとづいて行動すると主張している。

R・ベネディクト、長谷川松治訳『菊と刀』社会思想社、一九四八（原著一九四六）。

文化人類学の見地から、日本人の行動原理が周りのひとの評価を気にして、恥を恐れて行為を統制するという「恥の文化」であると規定し、西洋人の「罪の文化」とは対照的であることを指摘している。

山崎正和『柔らかい個人主義の誕生』中央公論社、一九八四。

わが国の一九六〇年代までは「顔の見えない生産至上主義社会」であったが、八〇年代には「顔の見える大衆消費社会」となり、他のひととのふれあいを重視する「柔らかい個人主義」が誕生したことが述べられている。

第四章　「他者」の二つのタイプ
――「親密な他者」と「疎遠な他者」

一　「インティメートな自我」

　現代人において「インティメートな自我」が増えてきている。「インティメートな自我」とは自分が親しいひとといるときにホッとした気分になり、そこに本当の自分らしさを感じるというものである。ターナーによると、「制度的自我」に代わり、こんにち多くなっている「インパルス的自我」には、「インパルス解放的自我」と「インティメートな自我」の二つがある。「インパルス解放的自我」とは、インパルス、つまり、自分の内部の欲求や衝動などを解放したときに自己満足を感じるものである。これに対して、「インティメートな自我」とは、親しい人間との間に安らぎを感じ、そこに真の自我を見出すものである。

　このような「インティメートな自我」の増加について、ターナーは「『本当の自分』法」("true self" method) でもって明らかにしている。「『本当の自分』法」とは人々の自我のあり方を具体的に知るために、「あなたはこれが本当の自分だと思ったり、感じたりする

※インパルス解放的自我、インティメートな自我
　「インパルス解放的自我」は「自分の好きなことをしているとき」とか、「ひとり、のんびりしているとき」というものであり、「インティメートな自我」は「仲のよい友達と話しをしているとき」とか、「一家団らんしているとき」というものである。

のはどのようなときですか」という質問に対して自由に回答してもらう方法である〔図4-1〕。

回答として「自分が努力して目標が達成されたとき」、「ボランティア活動をしているとき」、「ひとりのんびりしているとき」、「得意なスポーツに打ち込んでいるとき」、「仲のよい友達と話しをしているとき」などがある。これらの回答を分析する枠組みとして、縦軸に「制度」と「インパルス」を置き、横軸に「インパーソナル」※と「インターパーソナル」の軸を置く。「制度」とは「制度的自我」を指し、「インパルス」とは「インパルス的自我」を表している。そして、「インパーソナル」とは具体的人間を考慮することがなく、それとのかかわりを無視ないし軽視することであり、「インターパーソナル」とは具体的な人間関係を考慮し、それを重視しようとすることである〔図4-2〕。

ここから、「制度的自我」には、「インパーソナル」

Q あなたが「これが本当の自分だ」と思ったり，感じたりする（した）のはどういうときですか．
具体的に詳しく書いてください．

SQ その場合，どのような気持ちや感情をもちます（もちました）か．
具体的に詳しく書いてください．

図 4-1 「本当の自分」法

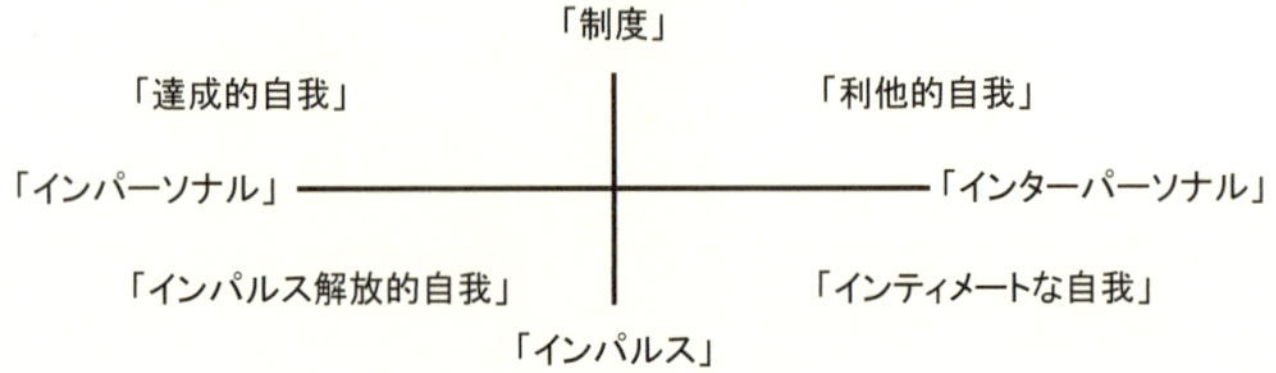

図 4-2 「本当の自分」

「達成的自我」
テストの成績がよかったとき，仕事が思うようにいったとき

「利他的自我」
人のためにがんばっているとき，ボランティア活動をしているとき

「インパルス解放的自我」
自分の好きなことをしているとき，ひとり，のんびりしているとき

「インティメートな自我」
仲のよい友達と話しをしているとき，一家団らんしているとき

図 4-3　「本当の自分」（回答例）

と「インターパーソナル」なものの二つのセルがあり、それぞれ「達成的自我」と「利他的自我」と名付けられる。「達成的自我」は、制度の枠の中で自己の目標達成を目指すものであり、「利他的自我」は、制度の中で他の人間とのかかわりを重視するものである。たとえば、「テストの成績がよかったとき」とか、「仕事が思うようにいったとき」という回答は「達成的自我」に当たり、「ひとのためにがんばっているとき」とか、「ボランティア活動をしているとき」という回答は「利他的自我」となる［図4-3］。

　他方、「インパルス的自我」にも、「インパーソナル」と「インターパーソナル」なものの二つのセルがあり、それぞれに「インパルス解放的自我」と「インティメートな自我」とネーミングされる。「インパルス解放的自我」は、インパルスを自己中心的に発散させようとするものであり、「インティメートな自我」は、友人、親、兄弟姉妹などの親しい人間とのかかわりにおいて真の自我を見出すものである。「自分の好きなことをしているとき」とか、「ひとり、のんびりしているとき」というものは「インパルス解放的自我」であり、「仲のよい友達と話し

※インパーソナルとインターパーソナル
「インパーソナル」は、辞書では、非個人的、非人格的、非人間的などの意味があるが、ここでは具体的人間を考慮することがなく、他者との関係を無視ないし軽視することを表す。「インターパーソナル」は、辞書では、対人的、人間関係的とされるが、ここでは具体的人間を考慮し、他者との関係を重視することを指している。

をしているとき」とか、「一家団らんしているとき」というものは「インティメートな自我」である。

ターナーが一九七三年にカリフォルニア大学ロサンゼルス校の学生を対象として調査したところ、「インパルス解放的自我」よりも「インティメートな自我」の比率が高くなっており、とりわけ、女性、宗教信者、未婚に高くなっていた［図4-4］。

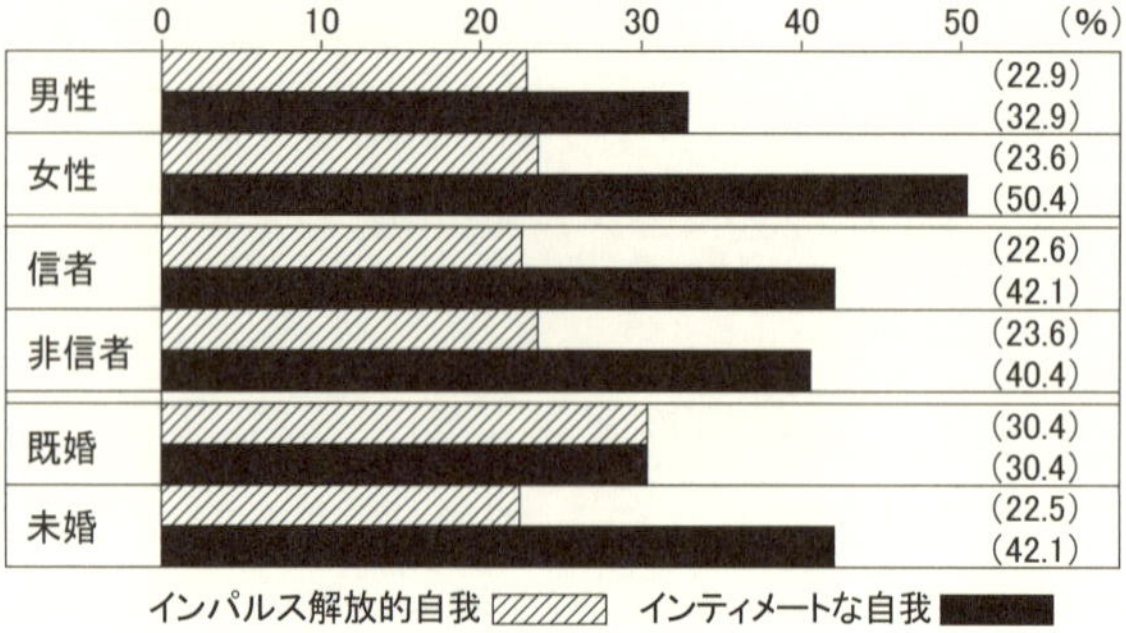

（Turner, R. H. and J. Schutte, The True Self Method for studing the Self-conception, *Symbolic Interaction*,4,1981,p.17より作成）

図 4-4 「本当の自分」法の結果

すなわち、男性の場合「インパルス解放的自我」は全体の二二・九％であるが、「インティメートな自我」は三二・九％と三分の一がそう答えている。女性の場合は「インパルス解放的自我」は二三・六％であるが、「インティメートな自我」は五〇・四％ときわめて多くなっている。また、宗教信者の場合「インパルス解放的自我」は二二・六％であるが、「インティメートな自我」は四二・一％と多く、非信者の場合も「インパルス解放的自我」は二三・六％であるが、「インティメートな自我」は四〇・四％となっている。そして、既婚の場合は「インパルス解放的自我」は三〇・四％、また、「インティメートな自我」も三〇・四％と同率で並んでいる。これに対して、未婚の場合は「インパルス解放的自我」が二二・五％であるのに対して、「インティメートな自我」はその倍近くの四二・一％ときわめて多くなっている。親しい人間とのかかわりにおいて真の自我を見出す「インティメートな自我」の割合が多くなっており、とくに女性、宗教信者、そして未婚のひとに多いことが注目される。

二　小説における主人公の若者の自我のあり方

アメリカの学生においては「インティメート的自我」の比率が高くなっている。そして、同様なことがわが国の小説に登場してきている若者の場合にも当てはまっている。現在、若者に圧倒的人気のある作家村上春樹は、これまで、他者をあまり気にしない人間、他者のまなざしが乏しかったり、ときに不在であったりする若者を主人公にして多くの作品を書いてきた。

『ノルウェイの森』（一九八七）の主人公の若者であるトオルは孤独で、しかも、自分から積極的に事を行うことがない人間であった。トオルには他者のまなざしが希薄であり、どちらかといえば、「クールな植物的関係の中にある」人間であった。また、『国境の南、太陽の西』（一九九二）の主人公のハジメも孤独を好むという若者であった。ハジメは一人っ子で、「一人で食事をし、散歩をし、プールにいって泳ぎ、コンサートや映画に行く。それで特に寂しいとも、つらいとも感じなかった」という若者であった。そして、『1Q84』（二〇一〇）の中心人物である天吾も青豆も孤独な一人の少年、孤独な一人の少女であり、かれらは「生まれてから誰かに本当の愛されたこともなく、誰かを本当に愛したこともなかった。誰かを抱きしめたこともなく、誰かに抱きしめられたこともなかった」。

しかし、他方で、この若者たちに変化が生じてきている。『ノルウェイの森』のトオルが「誰にも理解されなくていいと思っているわけじゃない。理解しあいたいと思う相手だっていますと述べるようになっている。互いに理解し合いたい相手が必要であることが強調されている。また、『国境の南、太陽の西』において、主人公のハジメは、「一人がいい」といっていたが、かれのうちにも変化が生じてきている。ハジメは、次第に、自分も孤独は寂しいと思うようになったとして、「僕はもう二度と孤独になりたくない。もう一度孤独になるなら死んでしまったほうがいい」とさえ述べるようになってきている。

『1Q84』においては、天吾は大学生風の若いカップルを見て、久しぶりに「深い淋しさ」を感じ、かれの初恋のひとである青豆も「彼に会いたい。死ぬほど会いたい」と思うようになった。そして、二人が奇跡的に会うことができたとき、「君に会いたかった」と天吾はいい、「私もあなたに会いたかった」と青豆がいう。もはや二人は孤独ではなく、「二十年間という歳月が一瞬のうちに……（中略）……溶解し、ひとつに混じり合って渦を巻き、すべての風景、すべての言葉、すべての価値が集まって、一本の太い柱となった」。

このように孤独を好み、クールな人間関係を保っていたいと思う若者たちにおいて、親しい他者とのかかわりにおける「インティメートな自我」が次第に増えてきている。このことは小説の上での話であるが、この小説が若者たちによってよく読まれていることから、多くの若者の共感を得ていると思われる。こんにちの若者において「親しい他者」とのかかわりが重視されてきている。

三 「親密な他者」と「疎遠な他者」

他者には父、母、兄弟姉妹、友達などの「親しい他者」、つまり「親密な他者」だけではなく、「親しくない他者」、つまり「疎遠な他者」も存在している。「疎遠な他者」とはストレンジャーや敵のように、自分とは疎遠であり、ときに対立したりするような他者である。他者全体としては親密性と疎遠性の二つの性質をもっている。自己と他者の関係は、いつも良好な関係であるわけではなく、疎遠や対立、また敵対の関係にあるときもある。そして、疎遠、対立、敵対の関係がある場合には自我にゆがみが生じるようになる。

「他者」という言葉は、日本語の場合には、しばしば、「他人《たにん》」を意味している。他人は「赤の他人」というように、見知らぬひとやよそ者を指し、その関係は冷たい関係とされている。この「他人」は温かい関係にある身内や仲間内とは異なるものである。他方、英語の“other”には「他人」やよそ者という意味とともに、身内や仲間内という二つの意味がある。とりわけ、「愛や友情で結ばれたひと」も含まれている。

他者との関係は「親しい」と「親しくない」の二種類がある。そして、他者との関係のあり方が異なれば、当然、自我のあり方も異なってくる。他者との異なる関係において、自我も異なったものとして現れてくる。

宗教哲学者のM・ブーバー※（Buber）も、著書『ワレと汝』（一九二三）において、他者には二つの他者があるという。すなわち、「汝《なんじ》」と「ソレ」という他者である。「汝」とは、ドイツ語で“Du”、英語で“you”であり、相手に対して「あなた」、「おまえ」と優しく、温かく呼びかけるように、親密さが込められた呼び方を指している。他方、「ソレ」とは、ドイツ語で“Es”、英語で“it”であり、モノのように冷たい関係にある見知らぬひと、よそ者、「他人」を指している。そして、この「汝」と「ソレ」の二種類の他者によって、自己と他者の関係も二種類あり、一つは「ワレ―汝」という関係であり、親密な関係を表し、もう一つは「ワレ―ソレ」という、よそよそしい関係を意味する。

「ワレ―汝」的関係は互いに敬意を払い、助け合う関係を表し、「ワレ―ソレ」的関係は自己の目的のために相手を利用するという関係になる。そして、この二種類の他者との関

※ブーバー（Martin Buber）（一八七八―一九六五）
ウイーン生まれのユダヤ人宗教哲学者。著書に『ワレと汝』（一九二三）、『対話の論理』（一九五一）、『人間の悪について』（一九五一）などがある。

係において、自我も二種類の異なった「ワレ」として現れる。つまり、「ワレ―汝」的ワレと「ワレ―ソレ」的ワレである。「ワレ―汝」的ワレは親密な他者との関係における自我を表し、相手に対する愛や思いやりがある他者愛的、利他的な自我を意味する。これに対して、「ワレ―ソレ」的ワレはよそよそしい他者とのかかわりにおける自我を指し、他者を自己の目的の手段とする自己本位的、利己的な自我となっている［表4-1］。このように異なる他者との関係から、異なった自我のあり方が生じている。他者とのかかわりにおける自我は他者との関係のあり方に大きく左右されることになる。

ブーバーによると、現代の人間の生活は「ソレ」の世界になっており、人々の間の関係も「ワレ―ソレ」的関係となり、したがって、現代人の自我は「ワレ―ソレ」的ワレとなってしまっている。けれどもまた、「人間はソレ無くしては生きていけないが、しかし、ソレのみで生きるわけではない。ソレのみで生きる者は真の人間ではない」（ブーバー『ワレと汝』一九二三）。つまり、人間は「ワレ―汝」的関係を展開する必要がある。

「ワレ―汝」的関係は、いわば他の人間との人格的な関係であり、その関係の目的は何かのための手段ではなく、関係することそれ自体にある。そのことによって、「ワレ―汝」的ワレは人格的存在として、相手のことを心から思い、相手のために自己の努力をつぎ込む自我のあり方となる。ブーバーにおいて、「ワレ―ソレ」的自我を越えて、「ワレ―汝」的自我を形成する必要性が説かれており、そこに、自我のゆくえが示唆されているといえよう。

表4-1　ブーバーの図式

他者	自己と他者の関係	自我
「汝」 （親密な人）	「ワレー汝」的関係 （親密な関係）	「ワレー汝」的ワレ （他者愛的，利他的自我）
「ソレ」 （よそ者,他人）	「ワレーソレ」的関係 （よそよそしい関係）	「ワレーソレ」的ワレ （自己本位的，利己的自我）

Q&A

Q

自我の形成にかかわる他者にはどのようなタイプが存在するのか。また、「親密な他者」と「疎遠な他者」とはどこが違うのだろうか。ブーバーのいう「汝」と「ソレ」という他者とはどのようなことか。そして、「ワレ—汝」関係と「ワレ—ソレ」関係、および、「ワレ—汝」的ワレと「ワレ—ソレ」的ワレとはどのようなことを表すのだろうか。

A

他者は親密性と疎遠性の二つの性質をもっている。自我の形成にかかわる他者には父、母、兄弟姉妹、友達などの「親しい他者」、つまり「親密な他者」と、敵やストレンジャーのように、自分と対立したり、疎遠である「親しくない他者」、つまり「疎遠な他者」の二種類がある。そして、他者との異なる関係において、自我も異なったものとして現れてくる。

ブーバーによると、他者には「親密な他者」である「汝」と「疎遠な他者」を表す「ソレ」がある。そして、自己と他者の関係も、親密な関係である「ワレ—汝」的関係と疎遠な関係を意味する「ワレ—ソレ」的関係がある。「ワレ—汝」的関係は互いに敬意を払い、助け合う関係を表し、「ワレ—ソレ」的関係は自己の目的のために相手を利用するという関係である。

そして、この二種類の他者との関係において、自我も二種類の異なったワレ、つまり、「ワレ—汝」的ワレと「ワレ—ソレ」的ワレとして現れる。「ワレ—汝」的ワレは、親密な他者との関係における自我を表し、相手に対する愛や思いやりがある他者愛的、利他的な自我を意味する。これに対して、「ワレ―ソレ」的ワレは、よそよそしい他者とのかかわりにおける自我を指し、他者を自己の目的の手段とする自己本位的、利己的な自我である。ブーバーにおいて、「ワレ―ソレ」的ワレを越えて、「ワレ―汝」的ワレを形成する必要性が説かれている。「ワレ―汝」的ワレは人格的存在として、相手のことを心から思い、相手のために自己の努力をつぎ込む自我のあり方である。

ブック・ガイド

M・ブーバー、植田重雄訳『我と汝・対話』岩波書店、一九七九（原著一九二三、一九三二）。

自己と他者との関係について、「ワレ−汝」、「ワレ−ソレ」という根源的言語の解明から始まり、人間の世界認識のあり方を問い、モノ的関係ではなく、知性や感性の関係の重要性を説いている。

船津　衛『自我の社会理論』恒星社厚生閣、一九八三。

自我の社会理論の構築を目指し、自我の社会性、「鏡に映った自我」、「役割取得」、「意味のあるシンボル」、自我と主体性、自分自身との相互作用、内的コミュニケーション、自己表現などについて論じている。

船津　衛、安藤清志編『自我・自己の社会心理学』北樹出版、二〇〇二。

自己と他者、自我の社会性、自我とコミュニケーション、自己の発達、自尊感情、自己意識、自己評価、自己概念、自己呈示、自己開示などについて最近の研究動向を踏まえて詳しく論じられている。

第五章　自我の形成──「役割取得」

一　「役割取得」による自我の形成

人間の自我は他者とのかかわりにおいて社会的に形成される。自我は他者の期待を取り入れることを通じて具体的に形づくられるようになる。G・H・ミード※（Mead）によると、自我は他者の期待を取り入れる「役割取得」（role-taking）によってつくり上げられるようになる。ミードは自我、行為、時間などに関する研究を行ったアメリカの哲学者であり、また社会心理学者である。著書『精神・自我・社会』（一九三四）は自我の問題を取り扱ったものとして有名である。

ミードの名前はこれまであまり知られてこなかった。それはミードが生前に著書を一冊も出版せず、死後に初めて出版されたことによる。とりわけ、主著とされる『精神・自我・社会』はミード自身がその原稿を執筆したものではなく、シカゴ大学での講義を聴講した学生によるノートを編集したものであった。そこから、ミードの思考には首尾一貫性がなく、内容があいまいという評判がつくられてしまった。その結果、ミード理論はむずかし

※ミード（George Hebert Mead）（一八六三－一九三一）
アメリカの哲学者、社会心理学者。シカゴ大学哲学科教授。自我、行為、時間などに関する研究を行った。主な著書として、『現在の哲学』（一九三二）、『精神・自我・社会』（一九三四）、『一九世紀思想の動向』（一九三六）、『行為の哲学』（一九三八）などがある。とりわけ、『精神・自我・社会』は自我の問題を取り扱ったものとして有名である。

いといわれてきている。

ミードが取り上げられなかったもうひとつの理由に、かれの理論それ自体が時代を先取りしていたことがあげられる。すなわち、それが自我の社会性に関するミードの理論である。当時、哲学の世界においては自我の孤立説が支配的であったにもかかわらず、ミードはそれを否定して、自我の社会説を強力に主張した。

自我の孤立説は、自我が他者とは無関係に孤立して存在するという見解であり、その典型がデカルトの「ワレ思う、故にワレあり」という自我論である。しかし、それでは自我はどこから生まれてくるのかを説明できず、自我が神秘的なものになってしまう。そこで、ミードは、自我は社会に先行していないと主張する。社会が自我に先行して存在しており、自我は社会から生まれ、他者とのかかわりにおいてつくり上げられるものである。そう考えるのが自我の社会説である。したがって、論理的な順序は『精神・自我・社会』のタイトルとは逆に、「社会」が最初となり、ついで「自我」、そして「精神」ということになる。

この点に関して、ミードはクーリーの自我論を高く評価する。クーリーは「鏡に映った自我」の概念でもって、自我を他者や社会との関連において明らかにし、デカルトの「ワレ思う、故にワレあり」は不十分の表現であり、「ワレワレ思う、故にワレあり」の方が適切な表現であると主張した。ミードはクーリーから影響を受け、自らもまた自我に対する社会の先行性を主張した。けれども、クーリーの場合、他者が想像によってとらえられた他者であり、他者についての観念となっていると批判する。それはクーリーが他者に関して、他者の認識についての想像と他者の評価についての想像としてとらえていたからである。その結果、他者は実際の他者というよりも、想像上の他者となってしまい、他者の存在があいまいにされてしまった。クーリーの理論は主観主義的、観念論的色彩がきわめて濃厚になり、実在するのは自我だけとする独我論と変わらないものとなってしまっている。

クーリーの見解をこのように批判して、ミードは自我の社会的形成について具体的に明らかにしている。ミードは他者を母親、父親、兄弟姉妹、祖父母、また、遊び仲間、クラスメート、先輩、先生として具体的に考え、それらを「意味のある他者」（significant other）と名付けた。「意味のある他者」とは自分の態度や意見、そして自我の形成にとって与《あずか》って力ある、意味のある人間のことを指している。そして、この「意味のある他者」の期待を取り入れることによって自我が形成されると考え、このことを「役割取得」による自我形成と呼んだ。すなわち、「人間は他者の役割（期待）を取得でき、他者が行為するように自分自身に向かって行為するかぎりにおいて自我となる」（ミード『精神・自我・社会』一九三四）。つまり、人間の自我は他者の期待とのかかわりおいて形づくられるようになる［図5-1］。

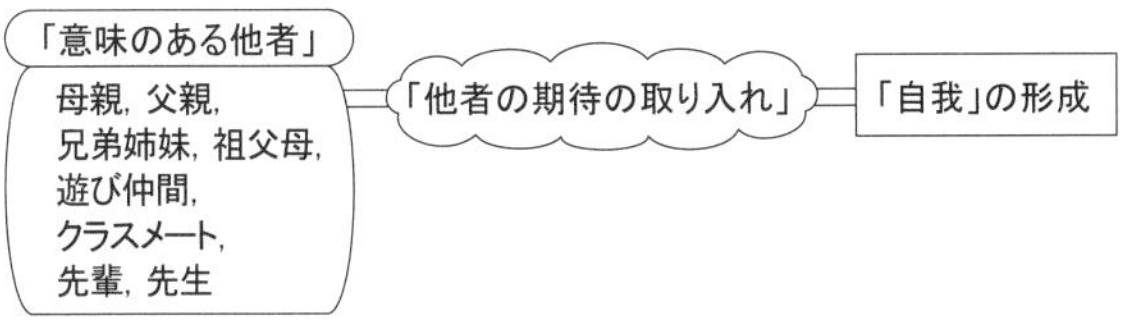

図 5-1　役割取得

二 「一般化された他者」の期待の形成

自我形成にかかわる他者は一人ではなく、親、兄弟姉妹、友達、先生など複数存在している。しかも、その間に常に調和が存在しているわけではなく、ずれや対立が存在する場合も少なくない。このような複数の、ときに対立することもある他者とのかかわりにおける自我の形成について、ミードは「一般化された他者」（generalized other）の期待という概念を用いて明らかにしている。「一般化された他者」の期待とは、複数の他者の多様な期待をまとめ上げ、組織化し、一般化した他者の期待を表している。

このことをミードは、子どもの自我形成を例に具体的に説明している。かれによると、子どもの自我形成は二つの段階に分けられる。第一の段階はプレイ（play）段階であり、ままごとなどの「ごっこ遊び」の段階に当たり、第二の段階はゲーム（game）段階であり、野球やサッカーなどの「ゲーム遊び」の段階を指している。

「ごっこ遊び」において、子どもは母親や父親、また先生やお巡りさんなどの役割を演じる。そのような役割を演じることによって、子どもは親や大人の態度や期待を自己に結びつけて知ることができるようになる。そのことを通じて、子どもは自分のあり方を理解するようになる。「ゲーム遊び」において、子どもは複数の他者の期待をまとめ上げ、組

表 5-1　プレイ段階とゲーム段階

プレイ段階	ままごとなどの「ごっこ遊び」 （母親や父親，先生やお巡りさんなどの役割を演じる）
ゲーム段階	野球やサッカーなどの「ゲーム遊び」 （父，母，兄弟姉妹，先生，友達，先輩など複数の他者の期待をまとめ上げ，組織化し，一般化した「一般化された他者」の期待を形成する）

織化した「一般化された他者」の期待を形成する。

プレイとゲームのちがいは、ゲームにおいて、子どもはそれに参加しているすべての子どもの態度を考慮に入れなければならないことである。ゲームに加わる子どもは、複数の参加者の期待を組織化しないかぎり、ゲームの面白さや楽しさを十分に享受することができないことになる。

子どもは成長するにつれて、父、母、兄弟姉妹、先生、友達、先輩など、多くの人々と相互作用を行うようになる。そこにおいて複数の他者の多様な期待に直面し、複数の他者の期待をまとめ上げ、組織化し、一般化することを行うようになる。そこに、「一般化された他者」の期待が生み出される。このような「一般化された他者」の期待を取り入れることによって、子どもは十全な自我を形成することができるようになる［表5-1］。

そして、ミードはこのことを子どもだけではなく、大人の自我形成にも押し広げて考えている。大人の場合、他者は家族や遊び仲間などの狭い範囲に限定されず、地域社会、国民社会、そして国際社会にまで拡大される［図5-2］。

三　「国際心」

ミードは、人種対立や階級間の対立、そして国家間の対立も、「一般化された他者」の

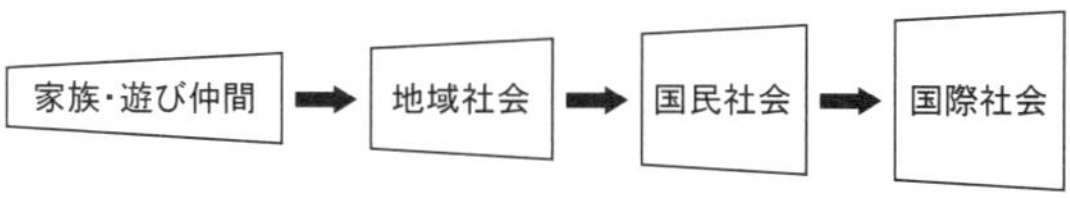

図 5-2　他者の空間的拡大

表 5-2 「国際心」

自分の利害を主張するその過程において，すべての他者の存在を認める態度．
「いかなる大国であれ，常に最小の国の立場に立って自己を主張すべきであり，それとともに，いかなる小国であれ，常に最大の国の立場に立って自己を主張すべきである」．

期待の形成と取得によって解決されると考えていた。そこから、かれは「国際心」（international mindedness）の提言を行っている。「国際心」とは自分の利害を主張するその過程において、すべての他者の存在を認める態度を指している。

ミードは一九二九年に、世界大戦を回避させるために、この「国際心」の必要性を強調した［表5-2］。ミードは「いかなる大国であれ、常に最小の国の立場に立って自己を主張すべきであり、それとともに、いかなる小国であれ、常に最大の国の立場に立って自己を主張すべきである」と述べている。

こんにちにおいて、人的にも物的にも、また情報的にも、世界における人々の物理的距離が克服され、時間・空間的に近接化する「グローバル化」※（globalization）によって、さまざまなトラブルが生み出されている。つまり、そこに社会的・文化的な軋轢《あつれき》が生まれ、国家間の対立が生み出されてくる。このような状況において人々が相互の認識を広げ、共通の理解を深め、真の意味での「国際心」を確立する必要があろう。

ミードの場合、他者は身近な人間から国際的規模にまで拡大されている。加えて、他者は時間的にも拡大される。自我は時間的に拡大された他者と

※グローバル化（globalization）
商品、資本、人材、文化などが国境を越えて広がり、世界が時間的、空間的に近接することを表す。そのことによって政治や経済のボーダーレス化が進み、また文化の一元化が生じるようになる。

のかかわりにおいても形成されるようになる。つまり、現在の他者のみならず、過去の他者、そして未来の他者とのかかわりにおいて自我は形づくられる［図5-3］。

今は亡き人物との結びつきにおいて、あるいは、将来出会うかもしれない人間を心に描いて自我がつくり上げられる。人間は過去の他者によって自己を大きく条件づけられる。また、未来の他者との関連において方向づけられ、将来かかわる予定の集団の期待や規範を、前もって受け入れる「先を見越した社会化※」(anticipatory socialization)を行う。そして、複数の過去の他者、そして未来の他者の期待がまとめ上げられ、組織化され、一般化されて「一般化された他者」の期待を形成する。そこにおいて、他者は単なる他者というよりも、記憶における他者、そして予測における他者として、現在において再構成された他者となる。

ミードにおいては、他者の範囲が空間的、時間的に拡大され、それに伴い、自我の社会性も拡大され、自我の発展が推し進められるようになる。自我が社会的であるが故に、他者の拡大は自我の発展をもたらすことになる。

このように、ミードは自我の社会性を具体的に解明した。そして、他者の範囲を最大限に拡大させ、それに伴って自我の社会性を最も広く押し広げた。その点において、かれは自我の孤立性を主張するデカルトとはちょうど反対の極に自己を置くことになった。ここから、ミードにおいて自我の社会理論が最高の段階に到達し、「自我の社会学」の確立がなされることとなった。

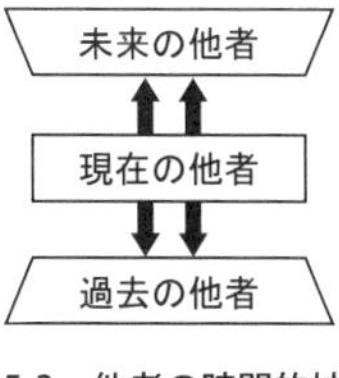

図 5-3　他者の時間的拡大

※先を見越した社会化
(anticipatory socialization)
R・K・マートン（Merton）の言葉。「将来を見越した社会化」、「予期的社会化」ともいう。自分が将来かかわる予定のある集団の期待や規範を前もって受け入れ、身につけること。それによって、将来の適応がスムースになされるが、同時に、現在の集団に不適応になってしまうことも生じる。

Q&A

Q

「役割取得」、「一般化された他者」とはどのようなことであるのか。また、「国際心」とはどのような事柄を表すのだろうか。そして、ミードにおいて他者の拡大とはどういうことを意味し、デカルトとの違いはどのようなことであるのか。

A

ミードによると、自我は他者の期待を「役割取得」することによってつくり上げられる。他者には母親、父親、兄弟姉妹、祖父母、また、遊び仲間、クラスメート、先輩、先生などの「意味のある他者」が存在し、「意味のある他者」の期待を取り入れることによって自我が形成されるようになる。

自我形成にかかわる他者は複数存在し、しかも、その間にずれや対立が存在する場合も少なくない。このような場合、複数の他者の多様な期待をまとめ上げ、組織化し、一般化した「一般化された他者」の期待が形づくられるようになる。

「一般化された他者」の期待を取り入れることによって、子どもは十全な自我を形成できるようになる。大人の場合も他者は家族などの狭い範囲に限定されず、地域社会、国民社会、そして国際社会にまで拡大される。そこにおける「一般化された他者」の期待とのかかわりにおいて自我が形成される。

ミードは人種対立や階級間の対立、そして国家間の対立も、「一般化された他者」の期待の形成と取得によって解決されると考え、「国際心」の提言を行っている。「国際心」とは自分の利害を主張するその過程において、すべての他者の存在を認める態度を指している。

ミードにおいて、他者は身近な人間から国際的規模にまで拡大され、加えて、時間的に拡大されている。つまり、現在の他者のみならず、過去の他者、そして未来の他者とのかかわりにおいて自我は形づくられるとしている。

ミードの場合、他者の範囲が空間的、時間的に拡大され、それに伴い、自我の社会性も拡大され、自我の発展が推し進められるようになると考えられている。その点において、かれは自我の孤立性を主張するデカルトとはちょうど反対の極に自己を置くことになった。

G・H・ミード、船津　衛、徳川直人編訳『社会的自我』恒星社厚生閣、一九九一（原著一九一三ほか）。

ミードの「社会的自我」（一九一三）、「意味のあるシンボルについての行動主義的説明」（一九二二）、「自我の発生と社会的コントロール」（一九二四―二五）に関する論文を翻訳したものであり、自我の社会性とコミュニケーションの役割が明らかにされている。

G・H・ミード、稲葉三千男ほか訳『精神・自我・社会』青木書店、一九七三（原著一九三四）。

社会行動主義の立場から、精神、自我、社会について、「役割取得」、「意味のあるシンボル」、「一般化された他者」、「主我」と「客我」などの概念を用いて詳細な分析がなされている。

船津　衛『ミード自我論の研究』恒星社厚生閣、一九八九。

初期ミードの思想を初め、機能主義社会学と社会行動主義、コミュニケーション論、社会観、そしてかれ独自のプラグマティズムの特質が明らかにされ、さらに、シンボリック相互作用論との関係について検討がなされている。

第六章　「ホモ・ソシオロジクス」
――受け身的、消極的「人間」像

一　かつての日本家族における「人間」

作家有吉佐和子の小説『華岡青州の妻』（一九六七）は、日本で初めて全身麻酔手術に成功した蘭方医《らんぽうい》である華岡青州《はなおかせいしゅう》の妻加恵《かえ》が主人公となっている。小説の内容は青州の嫁姑《よめしゅうとめ》の争いを書いたものとされているが、同時に、かつての日本家族における女性の一生を描いたものといえる。

加恵は青州の母の於継《おつぎ》に見染められ、青州の嫁に是非にと懇願された。加恵がほっそりして色白で、気立てが優しいからではなく、身体剛健で、また気丈な性格であったので、医家の嫁の条件にかなうと於継が考えたからである。二人の婚約が相整い、祝言（結婚式）が行われた席には花婿青州の姿は見えなかった。青州は京都で医者の修行に忙しく、出席もかなわなかったという。加恵は夫となる人に三年後に初めて出会うことになる。それにもかかわらず、夜なべ（夜遅くまで仕事）して機《はた》（布を織る機械）を織り、青州の学資づくりに精を出し、欠かさず、仕送りを続けていた。

その甲斐もあって、青州はわが国で初めて麻酔薬をつくることができるようになった。その人体実験台に誰がなるのかをめぐって、妻と母の壮烈な争いが行われた。悩んだ末、青州は母には軽い薬を、加恵には本物の強い薬を飲ませた。二度にわたる実験の結果、加恵は失明してしまった。この失敗を踏まえ、青州はさらに改良を重ね、全身麻酔手術に成功することができた。その報を聞いた加恵は見えない目から涙を流し、心から喜んだという。

これが加恵の生きた途である。加恵の一生は華岡家のために自己を犠牲にすることであり、加恵が自分の意見、自分の気持ち、自分の感情を表すことは事実上不可能であった。このような生き方は当時の日本女性の多くが経験したことであり、決して例外的な事柄ではなく、それぞれが何らかの自己犠牲を強いられていた。

かつての日本家族においては父親、正確には「家長《かちょう》」としての父親の権威は絶大であり、地位は最高であった。そして、父親以外の家族メンバーはすべて自分の意志や希望を実現する自由はなく、むしろ、自己犠牲を強いられていた。「家長」は家族のリーダーであるが、単なるリーダーではなく、法律によって家長権が与えられていた存在である。家長権には結婚同意権、職業同意権、居所指定権などがあり、家族メンバーはそれに従わなければならなかった。そして、「家長」の意に従わないときには、「家長」は家族メンバーに対する扶養の義務を負う必要がなくなり、自分の意に強制的に従わせることができ、さらには、従わないものに対しては離籍する権利をもっていた。

このような権利が与えられるのは「家長」が二つのきわめて重要な役割を果していたからである。一つは家業・家産の管理という役割であり、二つは「イエ」観念の継承という役割である［図6-1］。家業とはその家に代々引き継がれていく家の職業であり、家産とは生産に必要な家の財産である。そして、「イエ」観念とは、「イエ」というものが個人を越えて存在し、過去・現在・未来にわたって永続し、個人がいなくなっても存続し続けるという考え方である。その結果、家族メンバーは「イエ」のために自己犠牲を強いられた。とりわけ、嫁は妻や母としてではなく、「イエ」を継ぐ子どもを産むためのものとされ、「嫁（結婚）して三年、子無きは去る（離縁される）」、「腹は借物」といわれていた。

子どもの場合も、就職や結婚が自由にできるわけではなかった。子どもの自由に任せると家業が無くなり、「イエ」の存続がむずかしくなるからである。「イエ」を守るために、「家長」は家族メンバーに対して大きな力をもつ必要があった。このような家長権の存在によって、父親の権威は絶大となり、他の家族メンバーは無力で、しかも自己犠牲を強いられることとなった。

①家業・家産の管理

②「イエ」観念の継承

図6-1　家長の主な役割

二 「ホモ・ソシオロジクス」——受け身的、消極的人間像

社会学は、意外なことに、かつての日本家族の家族メンバーを、あたかもモデルにしたかのような人間のあり方を考えていた。これまでの社会学においては集団や社会が第一であり、個人は二の次とする見方が支配的であった。それが「ホモ・ソシオロジクス」(homo sociologicus)という人間像を生み出していた。「ホモ・ソシオロジクス」とは社会学的人間のことであるが、特別の意味が含まれている。ドイツの社会学者R・ダーレンドルフ※(Dahrendorf)によると、それは社会の期待に外から拘束されて、受け身的に自己の行為を行う人間を指している[表6-1]。

「ホモ・ソシオロジクス」は個性や独自性をもたず、画一化された人間のあり方を表している。しかし、それがこれまでの社会学における中心的な人間のイメージとなっていた。社会学においては、人間を社会的存在としてとらえており、人間の自我の社会性は共通の前提となっている。自我は他者との関係において社会的に形成され、展開すると

表6-1 「ホモ・ソシオロジクス」

社会的期待に外から拘束され，受け身的に自己の行為を行う人間
「オーガニゼーション・マン」 「他人指向型人間」 「市場型性格」

※ダーレンドルフ
(Ralf Dahrendorf)

(一九二九－二〇〇九)

ドイツの社会学者。コンフリクト理論、役割理論、労使関係などの研究者として有名。主著に『産業社会学』(一九五六)『産業社会における階級及び階級闘争』(一九五六)、『ホモ・ソシオロジクス』(一九五九)、『ライフ・チャンス』(一九八一)などがある。

※リースマン
(David Riesman)

(一九〇九－二〇〇二)

アメリカの社会心理学者。人間の社会的性格として、封建社会に特徴的な没主体的「伝統指向型」、主体的で近代的な「内部指向型」、他者を気にする現代的

考えられている。しかし、また、それが強調されすぎると、そこに「ホモ・ソシオロジクス」が生み出されてしまうようになる。

社会学では、社会は個人の外にあって、個人を束縛するものと観念されてきた。それはフランスの社会学者のÉ・デュルケム（Dukheim）が、社会は外在性と拘束性から成ると規定したことに由来している。そして、社会がまず存在して、個人はあとで社会の中に入り込んでいき、そこにおいて社会規範の内面化がなされるしつけや教育などの「社会化」（socialization）が行われ、それによって個人が社会的存在になると考えられていた。このように考えることは特におかしなことではない。しかし、それが過度に強調されることによって、個性や独自性の形成ではなく、画一性が生み出され、また、受け身的、消極的な人間がイメージされるようになってしまった。「オーガニゼーション・マン」、「他人指向型人間」、「市場型性格」もそのような人間のあり方を表している。

「オーガニゼーション・マン」とは、W・H・ホワイト（White）によると、組織の命令にひたすら従い、組織イコール自分と考えるような人間のあり方を意味している（ホワイト『組織の中の人間』一九五六）。「他人指向型人間」とは、D・リースマン※（Riesman）によれば、伝統指向や内部指向とは異なり、他人のことばかり気にしている外部指向の人間の性格を指している（リースマン『孤独な群衆』一九五〇）。また、「市場型性格」とは、E・フロム※（Fromm）によると、市場で売れる商品として自分の性格を位置づける人間の

な「他人指向型」の三つに分けた。主著に『孤独な群衆』（一九五〇）、『個人主義の再検討』（一九五四）、『何のために豊かさ』（一九六四）などがある。

※フロム（Erich Fromm）（一九〇〇－八〇）
ドイツ－アメリカの精神分析学者・社会心理学者・社会学者。新フロイト派の代表的研究者。第二次世界大戦下におけるドイツの民衆が「与えられた自由」に耐えられなくなり、「自由からの逃走」したことを鋭く分析した『自由からの逃走』（一九四一）が有名。ほかに、『正気の社会』（一九五五）、『愛するということ』（一九五七）、『破壊』（一九七三）などがある。

あり方を表している（フロム『正気の社会』一九五五）。

たしかに、現代人の多くがこのような「ホモ・ソシオロジクス」のように、社会の期待の外から拘束されて、受け身的に自己の行為を行う存在となってきている。就職や結婚に関して、若者の多くが社会の期待に拘束され、画一化された行動を行っている。就職希望先に関して画一的なブランド志向となっており、結婚についても根拠のあまりない適齢期にこだわり、理想とする結婚相手のイメージもパターン化したものを描いている。

アメリカの社会学者D・ロング（Wrong）は、このような「ホモ・ソシオロジクス」の人間像を「社会化過剰の人間観」（oversocialized conception of man）と呼んでいる［図6-2］。ロングによると、社会学においては社会の方に力点が置かれ、人間は社会という鋳型にはめこまれてしまっている。その結果、人間が個性や独自性を押しつぶされ、画一化され、受身的、消極的存在となっている。けれども、ロングによれば、それはあまりにも「社会化過剰の人間」のイメージとなっている。

現代社会学においては、社会規範の内面化の過程を解明することが中心的テーマとなっている。そこでは社会の維持・安定を中心として、人間は「社会化」によって既成の社会に組み込まれてしまう存在として描かれている。そして、社会から逸脱したり、反抗したりすると「社会統制」が加えられ、元に戻されるか、排除されてしまうと考えられている。したがって、その理論はきわめて統合的イメージが強いものとなっている。けれども、こ

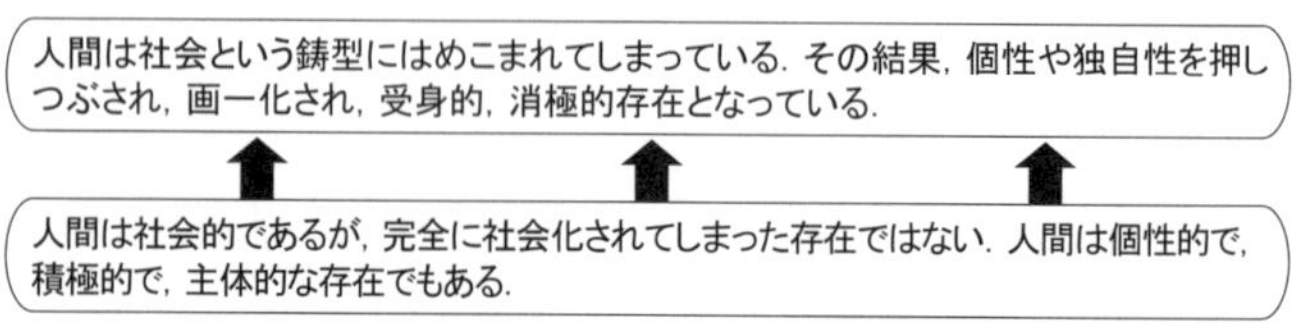
人間は社会という鋳型にはめこまれてしまっている．その結果，個性や独自性を押しつぶされ，画一化され，受身的，消極的存在となっている．
人間は社会的であるが，完全に社会化されてしまった存在ではない．人間は個性的で，積極的で，主体的な存在でもある．

図 6-2　「社会化過剰の人間観」（oversocialized conception of man）

のような理論は人間を消極的、受け身的存在として観念してしまっている。それは人間が自ら社会をつくり上げていく側面を無視し、人間の創造的性格を考慮に入れていない。このような「ホモ・ソシオロジクス」として人間を考えるかぎり、人間の正しい理解を行うことができないであろう。

三 「ホモ・シンボリクス」――積極的、主体的人間のイメージ

戦国時代の武将に小西行長《ゆきなが》というひとがいる。かれは豊臣《とよとみ》秀吉の命令により加藤清正《きよまさ》とともに朝鮮出兵をした人間である。しかし、清正に比べ、その名はあまり知られていない。むしろ、行長はきわめて評判が悪い人間であり、信用することができない「面従腹背《めんじゅうふくはい》」の人物とされてきた。

作家遠藤周作は、そうなった理由として、小説『鉄の首枷《くびかせ》』（一九七七）において、行長が大阪は堺の商人の出身であり、戦いを好まず、取引をすることを主に考えていたことをまずあげている。しかし、それ以上に大きな理由として、行長が幼児洗礼を受けたクリスチャンであったことを指摘している。クリスチャンであることは「汝の隣人を愛せよ、ひとを殺すな」ということが使命となる。しかし、武士としては「ひとを憎め、ひとを殺せ」ということが使命となる。その二つの使命は矛盾しており、両立不可能なものである。

行長はこの状況から逃れるために、「面従腹背」という行動をとることになった。つまり、秀吉の前では服従するふりをし、戦うと見せかけながら、実際はそれに背いて、和平工作を図ることに専念した。

遠藤によると、この「面従腹背」は「戦国時代に生きる一人のクリスチャン武将の苦しみの表れ」（遠藤周作『鉄の首枷』一九七七）であった。行長は石田三成に味方して参入した関ヶ原の戦いで敗れ、捕らえられ、首をはねられてしまった。そのときに、行長の「鉄の首枷」が外され、行長は真の人間として生きることとなった。行長はもはや「面従腹背」をする必要がなくなったからである。小西行長の「面従腹背」の行動は、両立不可能な期待に直面して悩み、苦しむという問題を解決する行為であった。戦国時代の武将にもかかわらず、戦うことを避けようとした行長は、むしろ、自分の信仰に忠実な人間であったといえるのかもしれない。

「ホモ・ソシオロジクス」として人間をとらえるかぎりでは、行長の「面従腹背」の行動の意味を十分に理解できないことになる。外に現れた表面的行動にとらわれ、人間の内面に立ち入って理解するものとならないからである。「ホモ・ソシオロジクス」は、社会の一定の役割期待に外から拘束され、自己の自我を形づくる存在である。社会の役割期待は人間にとって「鉄の首枷」となり、人間の自由や創造性の発揮を締め付けるものとなっている。

「ホモ・ソシオロジクス」としての人間は、社会の側の役割期待に自らの身を委《ゆだね》させてしまうようになる。それは自己の意志や思考を放棄した「操り人形」である。「ホモ・ソシオロジクス」は、「人間の手になる権力の掌中にあって、しかも、それから逃れる機会をもたない完全に疎外された人間」(ダーレンドルフ『ホモ・ソシオロジクス』一九五九)となってしまっている。しかし、「ホモ・ソシオロジクス」として、人間をとらえるやり方はあまりにも一面的であり、不十分である。ロングによれば、「人間はたしかに社会的存在ではあるが、完全に社会化されてしまった存在ではない(social, but not entirely socialized)」。つまり、人間は個性的で積極的な存在である。社会学はこのような独自的で主体的な人間のあり方を明らかにすべきことになる。

このようなことから、何よりも、外に表れた行動だけではなく、心の内にある苦しみや悩みなど、人間の内的世界をとらえる必要がある。しかも、それを問題にぶつかり、乗り越えようとする問題解決的行為として理解すべきことになる。人間には他の動物には存在しない内的世界がある。動物の行動は「刺激→反応」として行われている。これに対して、人間は刺激に対して、すぐに反応せずに、刺激の意味を理解し、その意味にもとづいて自分の行為を展開している。このような人間のあり方を「ホモ・シンボリクス」(homo symbolicus)という。「ホモ・シンボリクス」とはシンボルをもった存在としての人間を意味する。シンボルは言葉や身振りなどを指し、人間の内的世界を表すメディアの役割を果たしている。このようなシンボルをもち、シンボルを日常的に使用しているのは人間のみである。

「ホモ・シンボリクス」としての人間は、自分が置かれている環境に対して直接的にではなく、シンボルを間に挟んで間接的にかかわることになる。そして、人間は事物そのものの世界ではなく、シンボルの世界に住む。人間の世界はシンボルによって構成されている。人間は物理的な「環境」（environment）ではなく、シンボルによって構成される「世界」（world）に住んでいる（ブルーマー『シンボリック相互作用論』一九六九）［図6-3］。それ故、人間は自分の行為を、刺激や期待また規範に対する単なる反応として引き起こすのではなく、それらを自ら受け止め、解釈した上で、自分の行為を形成するようになる。

人間を「ホモ・シンボリクス」として規定することによって、消極的、受け身的存在ではなく、積極的、主体的な存在としてとらえ得ることになる。人間は事物、他者、また社会の拘束から解放され、その期待、命令、規範を選択し、再構成できるようになる。そこから、人間は自己の行為を主体的に形成でき、他者や社会に対して積極的に働きかけ、新たなものを生み出すことが可能になる。つまり、人間は他の人間の期待や命令、また社会や集団のルールや規範にただ従うだけではなく、それに対して主体的に対応することができるようになる。

図6-3　シンボルの「世界」（world）と物理的な「環境」（environment）

人間の自我は、他者の期待とのかかわりからなるといっても、他者の期待がそのまま自我となるわけではない。人間は他者の期待に対して意味づけ、解釈し、修正・変更し、再構成することが可能である。そして、そのことによって、自らの自我を主体的に形成することができるようになる。人間は社会の奴隷ではなく、その主人となりうるのである。

「ホモ・ソシオロジクス」から「ホモ・シンボリクス」へと変えることによって、人間を受け身的、消極的、画一的存在から積極的、主体的、個性的存在として考えることができるようになる。人間は他の人間に対して働きかけ、他者の期待や社会の規範を修正し、変更することが可能とされる。そこから、人間は社会によってつくられるだけの存在ではなく、社会をつくり上げる存在となる［図6-4］。

「ホモ・ソシオロジクス」		「ホモ・シンボリクス」
他者の期待，社会の規範に従う存在	→	他者の期待，社会の規範を修正・変更・再構成する存在
受け身的，消極的，画一的存在	→	積極的，主体的，個性的存在
社会によってつくられる存在	→	社会をつくり上げる存在

図 6-4 「ホモ・ソシオロジクス」から「ホモ・シンボリクス」へ

Q&A

Q

「ホモ・ソシオロジクス」とはどのような存在なのか。また、「人間は社会的存在ではあるが、完全に社会化されてしまった存在ではない」とはどういう意味なのか。そして、「ホモ・ソシオロジクス」から「ホモ・シンボリクス」へと変える必要性があるのはなぜだろうか。

A

「ホモ・ソシオロジクス」とは、ダーレンドルフによると、社会の期待に外から拘束されて、受け身的に自己の行為を行う人間を指している。それは個性や独自性をもたず、画一化された人間のあり方を表している。しかも、それがこれまでの社会学における中心的な人間のイメージとなっていた。

けれども、それはあまりにも「社会化過剰の人間」のイメージとなっている。しかし、ロングによれば、「人間はたしかに社会的存在ではあるが、完全に社会化されてしまった存在ではない」。そこで、「ホモ・ソシオロジクス」から「ホモ・シンボリクス」へと変えることによって、人間を受け身的、消極的、画一的存在から積極的、主体的、個性的存在として考えることができるようになる。

「ホモ・シンボリクス」とは、シンボルをもった存在としての人間を意味する。人間は自分が置かれている環境にシンボルを間に挟んで間接的にかかわり、シンボルの世界に住むようになる。それ故、人間は自分の行為を刺激や期待また規範に対する単なる反応として引き起こすのではなく、それらを自ら受け止め、解釈した上で、自分の行為を形成するようになる。人間を「ホモ・シンボリクス」として規定することによって、消極的、受け身的存在ではなく、他の人間に対して働きかけ、他者の期待や社会の規範を修正し、変更する積極的、主体的な存在としてとらえ得ることになる。

人間の自我は他者の期待からなるといっても、他者の期待がそのまま自我となるわけではない。人間は他者の期待に対して意味づけ、解釈し、修正・変更し、再構成することが可能である。そして、そのことによって自らの自我を主体的に形成することができるようになる。

R・ダーレンドルフ、橋本和幸訳『ホモ・ソシオロジクス』ミネルヴァ書房、一九七三（原著一九五九）。

「ホモ・ソシオロジクス」とは、社会学における人間像として、個人と社会の間にあり、両者を結びつける社会的役割を忠実に遂行する人間像を意味している。本書において、「ホモ・ソシオロジクス」は人間の行動を分析する際のモデルとなっているが、それはゆがんだ人間像であると批判されている。

É・デュルケム、田原音和訳『社会分業論』青木書店、一九七一（原著一八九三）。

社会的分業が複数の個人の間の道徳的連帯を生み出すものと考え、分業の発達が社会を機械的連帯から有機的連帯へと進むとして、現代社会のように有機的連帯に進まない分業をアノミー的分業として批判している。

W・H・ホワイト、岡部慶三ほか訳『組織の中の人間』東京創元社、一九五九（原著一九五六）。

現代アメリカ社会の基本的な人間類型は、組織に全人格的に帰属し、組織の規範に服従し、組織の発展に献身的に貢献する人間であるとして、その問題点を鋭く指摘しながら、個人主義の復権を強く提唱している。

D・リースマン、加藤秀俊訳『孤独な群衆』みすず書房、一九六四（原著一九五〇）。

経済構造や人口構造との関連において伝統にもとづく伝統指向、主体的な内部指向、他人にしたがう他人指向の人間の社会的性格を具体的に描き出し、現代における他人指向型の人間のあり方を見事に浮き彫りにしている。

第七章　相異なる他者の期待――「役割コンフリクト」

一　「役割コンフリクト」

こんにち、多くの人々が「役割コンフリクト」(role conflict)を経験するようになってきている。「役割コンフリクト」とは、相異なる両立不可能な期待に直面して悩み、苦しむことを指している。現代社会においてはすべての人間が、程度の差はあれ、「役割コンフリクト」に直面している。それは社会のあり方が分化し、複雑化し、多様化し、さらに、変化・変動が著しくなってきたからである。

従来の単純で固定した社会においては、人々が「役割コンフリクト」を経験することはそれほど多くなかった。そこでは家族、地域社会、そして全体社会がひとつの同心円において位置づけられ、その間の関係は調和的な関係にあったからである。しかし、現代社会では人々が関係する複数の集団はその間に必ずしも一致が存在せず、ずれや対立が普通のこととなっている。家族と会社、学校と地域社会、企業と国家の間には利害や感情の対立が顕在化してきている［図7-1］。したがって、関係する人々は、多かれ少なかれ、「役割

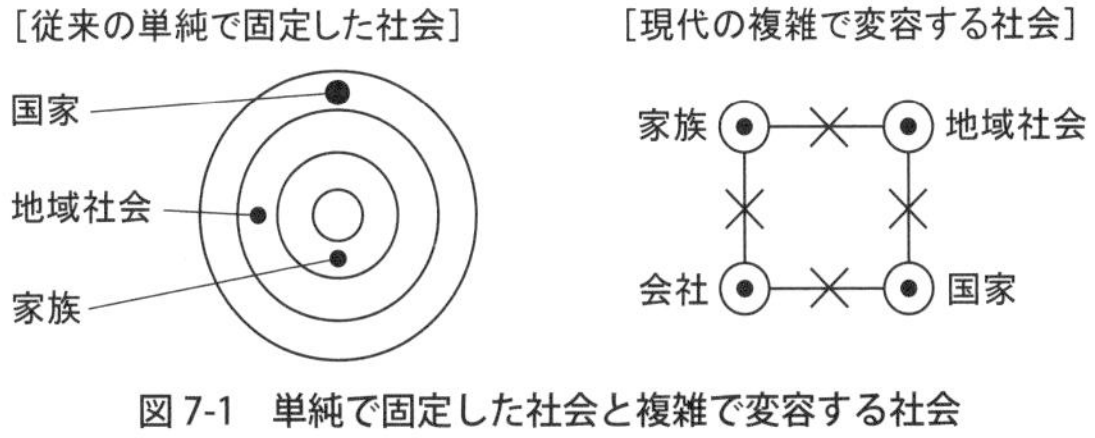

図 7-1　単純で固定した社会と複雑で変容する社会

コンフリクト」に陥るようになる。父親の役割、母親の役割、男性の役割、女性の役割、夫の役割、妻の役割に関してずれや対立が生じ、「役割コンフリクト」が日常的に発生するようになってきている。

ミードにおいては調和的な社会が念頭に置かれ、「役割コンフリクト」は問題にされていないといわれる。かれは「役割取得」による自我形成に関して、複数の他者の多様な期待をまとめ上げ、組織化し、一般化した「一般化された他者」の期待とのかかわりにおいて自我が最もよく形成されると主張した。しかし、現実的には複数の他者の期待は容易にまとめられるものではなく、他者の期待の間には大きなずれや対立が存在している。とりわけ、現代社会ではコンフリクトがその広がりと深まりにおいて顕著な状況となっている。

このようなことから、社会学者のC・W・ミルズ※(Mills)が「ミードの社会イメージは調和的なものとなっている」(ミルズ『権力・政治・民衆』一九六三)と批判している。ミルズによると、ミードは「一般化された他者」を全体社会を統合するものと考えている。しかし、それは現実的ではなく、他者の間は必ずしも一致しておらず、とりわけ階級などによって異なっている。その点、ミードの社会イメージは調和的社会からできあがっている。

実際、ミードにおいては、他者は身近な他者がそのまま拡大された形において考えられている。かれの場合、家族や遊び仲間をモデルとして社会イメージが形づくられ、より大

※ミルズ(Charles Wright Mills)(一九一六―六二)
アメリカの社会学者。T・パーソンズの機能主義社会学を誇大理論、そして社会調査を些末実証主義と規定して、きびしく批判した。また、アメリカ社会の権力構造を分析するとともに、ホワイトカラーの実態を解明している。著書に『パワー・エリート』(一九五六)、『社会学的想像力』(一九五九)、『ホワイトカラー』(一九五一)、『権力・政治・民衆』(一九六三)、『第三次世界大戦の原因』(一九五八)などがある。

きな社会はそれをそのまま拡大したものからなっている。ミード自身の言葉によると、「クラン（氏族）や国家のような人間社会の社会的組織のより大きな単位ないし形態はすべて、究極的には家族を基礎にしており、それらは直接的であれ、間接的であれ、家族から発展したもの、あるいはそれを拡大したもの」（ミード『精神・自我・社会』一九三四）からなっている。

ミードの社会イメージは、具体的には地域の住民が直接参加するタウン・ミーティング※のデモクラシーに大きく依存している。そこにおいて対立が発生したとしても、人々の間の話し合いによって、解決が十分可能であると考えられている。そして、そのことを拡大させて、より大きな社会における問題も話し合いによる解決を図ろうとするものとなっている。

ミードにおいて、社会イメージは、かれが心に描いた理想社会に近いものであり、社会の構造的現実に十分対応しているとはいいがたい。ミードは哲学者であったために、マクロな社会のトピックスに関する理論や方法、またデータにそれほど精通しておらず、大きな社会の現実を直接分析することがなかったからともいえる。その結果、ミードの社会観はきわめて楽観的な進歩主義に彩られ、文芸批評家のK・バーク（Burke）によれば、「ミードの社会心理学の全体の調子は進歩と進化を信じていた幸福な時代の未来洋々たる気分と軌を一にしている」（バーク『文学形式の哲学』一九四一）ものとなっている。

※タウン・ミーティングのデモクラシー（town meeting democracy）
小さな規模の町において、全員が集まって討論を通じて全体の方向を決定するやり方。古代ギリシャのポリスやアメリカのニュー・イングランド地方で行われたものであり、デモクラシーの原型とされている。

二 「役割コンフリクト」のタイプ

現実社会においては、ミードの調和的な社会イメージとは異なり、複雑多様で、しかもさまざまな「役割コンフリクト」が存在している。人々は相異なる両立不可能な期待に直面し、「役割コンフリクト」を経験することが多くなってきている。現代は「役割コンフリクト」によって色づけられた時代となっている。

このような「役割コンフリクト」には三つのタイプがある。一つは「役割内コンフリクト」(intra-role conflict)、二つは「役割間コンフリクト」(inter-role conflict)、三つは「パーソン・ロール・コンフリクト」(person-role conflict) である〔表7-1〕。

第一の「役割内コンフリクト」は、ひとが一つの地位につくことによって、相異なる期待が自分に向けられる状況を指している。たとえば、会社において係長という地位についた人間は、上役からは規則をきびしく守るように期待され、逆に、部下からはもっとゆるくするよう期待されて、板挟みとなる場合である。これは中間管理職がよく経験する「役割コンフリクト」である。

第二の「役割間コンフリクト」は、ひとが二つ以上の地位につくことによって、両立不可能な期待に直面する状況を意味する。会社の係長は、同時に、家庭では父親である

表 7-1 「役割コンフリクト」のタイプ

役割内コンフリクト
ひとが1つの地位につくことによって，相異なる期待が自分に向けられる状況
役割間コンフリクト
ひとが2つ以上の地位につくことによって，両立不可能な期待に直面する状況
パーソン・ロール・コンフリクト
自分自身と役割それ自体との対立状況

ことによって「役割間コンフリクト」をしばしば経験する。子どもの誕生日に早く帰宅するよういわれていたが、その日にどうしても残業しなければならなくなる。家庭を大切にするか、仕事を優先させるか悩む父親も少なくない。現代社会においては「役割内コンフリクト」を伴う「役割間コンフリクト」状況が多く見られるようになっている。

第三の「パーソン・ロール・コンフリクト」は、人間それ自身と役割それ自体とのコンフリクトを表している。それは他者の期待と本来の自分との間に矛盾や対立が存在する状態である。こんにち、巨大組織、とりわけ官僚制組織において人々は組織の論理に従わなければならず、自分の才能、個性、理想の実現は不可能となり、その結果、自己喪失という事態を経験するようになってきている。

自我が社会的性質をもち、他者との関連性を有するかぎり、人々は「役割コンフリクト」を経験せざるをえなくなっている。人間の自我形成にかかわる他者は、多くの場合、複数存在し、しかも、他者の期待は必ずしも同一のものではない。親の期待と友達の期待、また上役の期待と部下の期待が一致しないことはごく当たり前のことである。そしてまた、自己と他者の期待との間に矛盾や対立が存在することも決してまれではない。

他者の期待の間、および自己と他者との間にずれや対立が存在する状況に置かれ、人々が悩み、苦しみ、葛藤を経験する状態が「役割コンフリクト」である。自我が孤立しているのであれば「役割コンフリクト」は生じないが、自我が社会的であることによって、人々は「役割コンフリクト」を経験するようになる。

このような「役割コンフリクト」に陥りやすい人間として、知識人、学生、中間管理職、移民二世、働く女性など、社会構造の裂け目や谷間に置かれて、相異なる期待に直面することが多い人間があげられる〔図7-2〕。また、社会移動を経験した人間に「役割コンフリクト」が多く見出される。たとえば、農村から都市に、都心から郊外に、また、地方へのUターンなど、地域移動を経験した人間、あるいは地位の上昇ないし下降など、階層移動を経験した人間も「役割コンフリクト」に陥りやすい。これらの人々は以前に所属していた地域社会や社会階層の人々の期待と新たに所属するようになった社会や階層の人々の期待の間のずれに出会い、「役割コンフリクト」を経験するようになる。

「役割コンフリクト」の結果、人々は精神的に不安定となり、また身体的に変調をきたすようになる。そのことによって退行現象や回避行動が引き起こされ、ノイローゼ状態を生み出してしまうことにもなる。

三 「役割コンフリクト」の解決法

もちろん、「役割コンフリクト」状況に置かれた人間がすべてこのような症状を引き起こすわけではない。むしろ、多くの人々はさまざまな「役割コンフリクト」解決法によっ

図7-2 「役割コンフリクト」に陥りやすい人間

て、その状況を乗り越えている［図7-3］。

たとえば、「役割コンフリクト」は「主要役割の選択」によって解決される。「主要役割の選択」とは相異なる複数の役割期待の中から主なものだけを選び出し、他のものは無視ないし放棄するやり方である。会社からの期待と家族からの期待のうちの一方のみを選んで、会社人間になりきるか、マイホーム・パパに徹するようになる。また、女性が仕事か結婚かの選択において悩み、主婦になるか、キャリア・ウーマンとなるかの決断を行っている。多くの人々がこのような「主要役割の選択」によって「役割コンフリクト」を回避している。

また、「役割コンフリクト」は「役割中和」によって解決がなされている。「役割中和」とは複数の相異なる役割期待の間の調整や妥協を試み、適度の範囲において行動しようとすることである。ひとは、平凡なサラリーマン、あるいは、まあまあの父親であることに満足するようになる。

そしてまた、「役割コンフリクト」状況に対して、ひとは「役割コンパートメント（仕切り）化」によって対応する。多様な役割期待に対して、場面による自己の使い分けを行うことが「役割コンパートメント化」である。会社、家庭、レジャーにおいて、相異なる他者の期待に対して、それぞれに見合う形で複数の自我をつくり上げ、場面や状況に適合したさまざまな自己をつくり出すようになる。しかも、複数の自我をそのまま保持し、また、自由に取り替えることができるようにしておく。この「役割コンパートメント化」による解

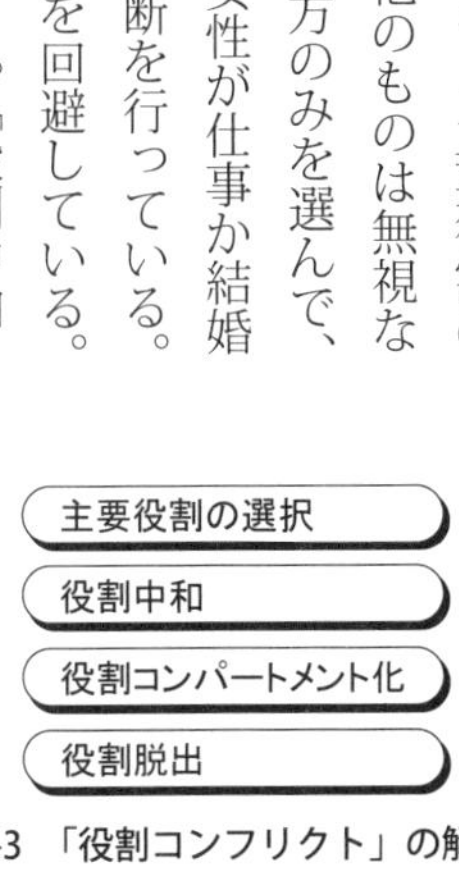

図 7-3 「役割コンフリクト」の解決法

決法は、現代人の自我の状況を示唆するものとなっている。

社会のグローバル化、情報化、また変化・変動の進行によって、人々がかかわる他者の期待の間にずれや対立などが多く生じてきている。そこにおいて人々は複数の他者の相異なる多様な期待に応えて、複数の自我を形づくるようになる。複数の自我はその間の統一性を求めず、多面的・多元的な自我を形成するようになる。そしてまた、自我は、カメレオンのように、自由に変身でき、「変幻自在の自我（mutable self)」（L・A・ザーチャー、Zurcher）となり、流動的、過程的なものとなる。現代人の自我は単一の、固定した自我ではなく、複数の、流動する自我となっている。

このような「役割コンフリクト」の解決法は、一方に、役割期待の強制の度合、ないし許容の度合によって、他方に、その受容の度合、あるいは選択の度合によって異なってくる［表7-2］。役割期待が絶対的な強制なのか、単なる要請なのか、ないしは、かなり許容的か、きわめて非許容的か、また、人々の対応が全面的な受容なのか、部分的な受容なのか、あるいは全面的な拒否なのか、部分的な拒否なのかによって、解決のあり方が違ってくることになる。たとえば、役割期待が強制的であっても受容度が高い場合、また、受容度が低くても許容度が高い場合は、「役割コンフリクト」の解決は比較的容易である。「主要役割の選択」は前者に当たり、「役割中和」は後者に該当している。そして、「役割コンパートメント化」は個々の役割期待が強制的であっても、役割期待全体としては許容

表 7-2 「役割コンフリクト」の解決法と役割期待・人々の対応

役割期待 人々の対応	高強制度・低許容度	低強制度・高許容度
高受容度・低選択度	主要役割の選択	役割コンパートメント化
低受容度・高選択度	役割脱出	役割中和

度が高く、また受容度全体も高い場合の解決法といえる。

人々はこのような解決法によって「役割コンフリクト」に対処している。けれどもまた、これらの解決法はいずれも「役割コンフリクト」自体の根本的な解決を目指すものではない。それらは「役割コンフリクト」状況からいかに逃げ出すかが第一の目的となっている。したがって、そこでは問題の根本的解決は先送りとなる。

こんにち、「役割コンフリクト」は一層きびしい事態となっている。現代社会において、人々の行動の選択範囲は考えられているほど広くない。組織の巨大化、官僚制化によって、また、社会全体の管理社会化によって、人々の選択可能性は次第に狭められ、自由な判断の余地が少なくなっている。むしろ、逆に、一定の役割期待を強いられるようになっている。そのため、人々は自らの個性や独自性、また創造性を十分に発揮できず、自己実現を図ることが困難になりつつある。そして、自分が望まない役割を押しつけられ、それを遂行せざるを得なくなってきている。

このような状況においては、人々は他者や社会の役割期待を拒否できず、不承不承であれ、それに応えていかなければならなくなる。しかし、そのことによって、真の自己が見失われ、人間性を喪失してしまうおそれが生じる。現代人は自分自身と役割それ自体とのコンフリクト、つまり、「パーソン・ロール・コンフリクト」状況に陥るようになる。このような「パーソン・ロール・コンフリクト」の解決法として「役割脱出」がよくなされている。「役割脱出」とは役割から脱出すること、つまり、社会的に期待された役割を行わずに、それから逃れようとすることである。

その典型が組織からの脱出である「脱組織」であり、会社を一年、また二年であっさりやめたり、変えたりする転職や離職である。「役割脱出」は人々が強制的な役割期待から解放されて、自由に自己実現を図ろうとするものである。したがって、「役割脱出」は強制度が強く、受容度が低い場合の「役割コンフリクト」解決法といえる。しかし、それが本当の脱出になるかというと、必ずしもそういえないようである。

現代は組織の時代といわれ、社会全体が組織化され、官僚制化される「全般的官僚制化」※が進行しており、人々は組織から逃れることができず、むしろ、組織にいっそう強く包み込まれてしまうようになっている。つまり、「役割脱出」という解決法は、基本的には既存の役割期待の枠の中での解決法であり、コンフリクト自体をそのままにして置くものである。したがって、それらは一時的な解決でしかなく、「役割コンフリクト」の波に再び飲み込まれてしまうことにもなる。「パーソン・ロール・コンフリクト」の真の解決は、組織からの脱出ではなく、あえて、組織にとどまって、そこにおいて自己実現を目指すことでしかない。

このように、現代における人々の「役割コンフリクト」状況は自我を孤立的存在として考える「近代的自我」のイメージからでは十分に理解しえないことになる。それは自我の社会性を解明する「自我の社会学」によって初めて明らかにされうるものとなる。

※全般的官僚制化（overall bureaucratization）
社会全体が組織化され、官僚制化されていくこと。そのことによって、官僚制組織の原理である計算合理性がすべての領域に浸透し、社会全体がスムースに動き、目標達成が容易になることが目指される。しかし、そこにおいて、人々は計算合理性を身につけるように強いられ、自己実現や個性の発揮を不可能にされてしまうようになる。

Q&A

Q

「役割コンフリクト」とはどのような状況を表すのか。「役割コンフリクト」のタイプとしてどのようなものがあるのか。そして、その解決法として、どのようなことが考えられるのか。

A

「役割コンフリクト」とは、相異なる両立不可能な期待に直面して悩み、苦しむことである。それは社会のあり方が分化し、複雑化し、多様化し、さらに、変化・変動が著しくなってきたことから生じるようになる。

従来の単純で固定した社会においては家族、地域社会、そして全体社会がひとつの同心円において位置づけられ、その間の関係は調和的な関係にあり、「役割コンフリクト」を経験することはあまり多くなかった。しかし、現代社会では家族と会社、学校と地域社会、企業と国家の間には利害や感情の対立が顕在化してきており、人々は多かれ少なかれ「役割コンフリクト」に陥るようになっている。

「役割コンフリクト」に陥りやすい人間として、知識人、学生、中間管理職、移民二世、働く女性など社会構造の裂け目や谷間に置かれた人間、また、地域移動や地位移動など社会移動を経験した人間があげられる。

このような「役割コンフリクト」には三つのタイプがあり、「役割内コンフリクト」はひとが一つの地位につくことによって、相異なる期待が自分に向けられる状況を指し、「役割間コンフリクト」はひとが二つ以上の地位につくことによって、両立不可能な期待に直面する状況を意味する。そして、「パーソン・ロール・コンフリクト」は、人間それ自身と役割それ自体とのコンフリクトを表している。

このような「役割コンフリクト」の解決法としては「主要役割の選択」、「役割中和」、「役割コンパートメント化」、「役割脱出」などが考えられる。「主要役割の選択」は、相異なる複数の役割期待の中から主なものだけを選び出し、他のものは無視ないし放棄するやり方であり、「役割中和」は複数の相異なる役割期待の間の調整や妥協を試み、適度の範囲において行動しようとすることである。「役割コンパートメント化」は、多様な役割期待に対して、場面による自己の使い分けを行うことであり、「役割脱出」は役割から脱出すること、つまり、社会的に期待された役割を行わずに、それから逃れようとすることである。「役割脱出」は、基本的には既存の役割期待の枠の中での解決法であり、それは一時的な解決でしかなく、真の解決のためには組織の中において自己実現を目指すことが必要となる。

ブック・ガイド

船津　衛『ジョージ・H・ミード』東信堂、二〇〇〇。

ミードの生い立ち、若い時代のミードの思想、シカゴ大学での研究と教育について紹介し、かれのプラグマティズムの特質、そして、社会心理学の形成を解明し、それらをベースとするミードの社会的自我論の全体について検討している。

C・W・ミルズ、青井和夫、本間康平監訳『権力・政治・民衆』みすず書房、一九七一（原著一九六三）。

政治、権力、民衆、知識についてのミルズの論文集である。また、エリート、ミドルクラス、ホワイトカラー、労働者、コミュニティ、大衆社会、言語、文化などについても言及がなされている。

M・ウェーバー、阿閉吉男、脇圭平訳『官僚制』恒星社厚生閣、一九八七（原書一九二一ー二二）。

官僚制に関する古典的業績であり、官僚制の特徴、官僚制化の前提・根拠、官僚制の永続的性格、官僚制の経済的、社会的結果、官僚制の権力的地位、官僚制化の発展段階などについて詳細に検討されている。

第八章　レッテル貼りされる自我――「ラベリング」

一　ラベリング論

「負け犬」、「ヤンキー」、「優等生」など、一人のひとに対して他のひとや社会がレッテルを貼ることを「ラベリング」（labeling）という。「ラベリング」は、もともとは荷物や商品に目印としてレッテルを貼ることであるが、人間や人間行動にもそのことを適用し、人々の自我を解明する概念となっている〔図8-1〕。

「ラベリング」は、ひとが犯罪や非行を引き起こす場合に大きな意味をもつことから、人々の関心が向けられてきた事柄である。「ラベリング」とは一人の人間に対して社会が犯罪者、また逸脱者というレッテルを貼ることを意味し、「ラベリング」の結果、犯罪・非行が生み出されるようになる。

アメリカの社会学者H・ベッカー（Becker）によると、「社会がある行動を犯罪として、また、ある人間を犯罪者と『ラベリング』することから犯罪が生じてくる」（ベッカー『アウトサイダーズ』一九六三）。このことを明らかにするのが犯罪のラベリング論である。

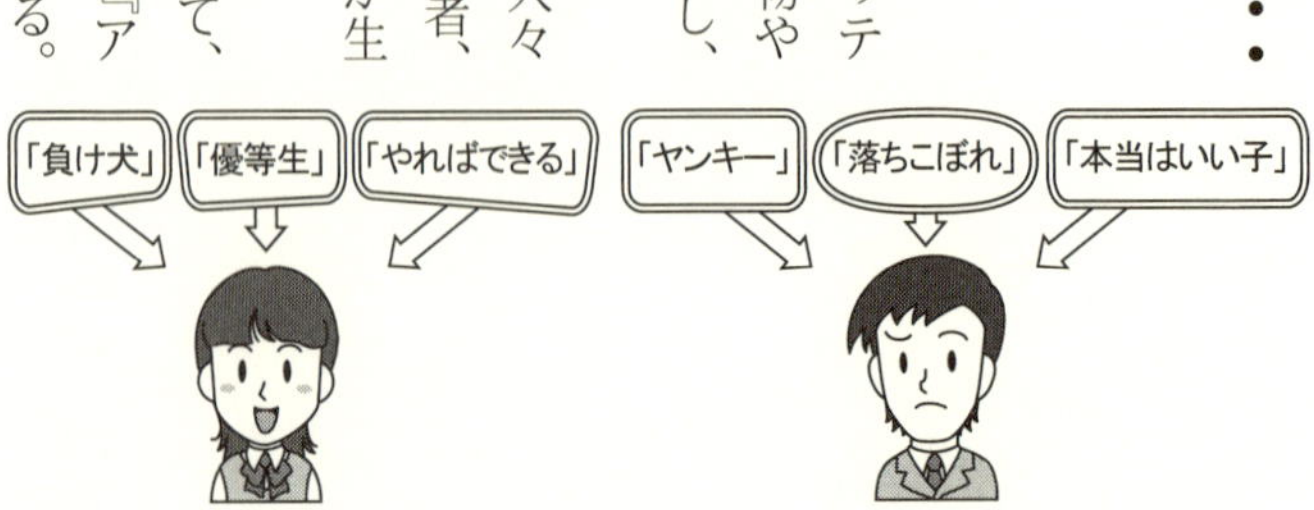

図8-1　ラベリング（レッテル貼り）

犯罪のラベリング論は、これまで支配的であったアノミー論に代わるものとして登場してきている。アノミー論では非行・犯罪は既存のルールが崩壊して、社会が無規範・無規制状態になる「アノミー」によって発生すると考えられていた。つまり、非行・犯罪の原因として、母子家庭や父子家庭などの「単親家族」などの家庭環境、またスラムなどの地域環境に求め、それらがアノミー状態であるから、非行・犯罪が発生するとしてされてきた。

けれども、「単親家族」やスラムの出身者がすべて非行・犯罪者となるわけではなく、むしろ、そうならないひとが多く存在している。したがって、非行・犯罪の発生原因として社会的要因のみならず、個人的要因もまた考える必要がある。アメリカの社会学者R・K・マートン※（Merton）は、「アノミー」の概念を人々の欲求とその実現のチャンスの間のずれと規定し直し、そのことから非行・犯罪が生じると考えた（マートン『社会理論と社会構造』一九四九）。

たとえば、「宝石が欲しい」という欲求がある場合、それを手に入れるにはお金が必要であるが、お金がない場合には「盗む」という非合法的やり方を行うようになる。このことは社会階級による違いがあり、上層階級ではお金をもっているので、宝石を合法的に手に入れることができ、また、中層階級においてもお金がないとしても、しつけや教育によって自己規制がなされる。これに対して、下層階級ではお金もなければ、しつけや教育もなされていないので、非合法的手段によって手に入れる行動に走るようになる。そのことが

※マートン（Robert King Merton）（一九一〇－二〇〇三）

アメリカの社会学者。コロンビア大学教授。一般理論と社会調査の中間に位置し、特定の社会現象に当てはまる「中範囲の理論」の提唱者として有名。また、逸脱行動、官僚制、準拠集団、社会問題、科学に関する社会学的研究など、多くの業績がある。著書に『社会理論と社会構造』（一九四九）、『大衆説得』（共著）（一九四六）などがある。

表 8-1　マートンの図式

	要求水準 （欲求）	制度的手段 （合法的やり方）	自己規制 （しつけ，教育）
上層階級	○	○	○
中層階級	○	△	○
下層階級	○	▲	▲

非行・犯罪が下層階級に多い、主な理由となる［表8-1］。

マートンの理論は、しかし、窃盗のような犯罪に当てはまるとしても、少年非行の理解には必ずしも適切ではない。非行の発生には「みんながやっている」とか、「仲間のヒーローになりたい」という少年たちの「サブ・カルチュア」の存在が大きく、それを無視することができない。また、この理論では、最近増えている中層階級の犯罪を説明することがむずかしい。そして、すべての階級のひとが宝石を欲しいと思っているわけではない。何よりも、マートン理論は、人間を孤立した存在としてとらえており、人間と人間との関係を見ないものとなっている［表8-2］。

そこで、それに代わって登場したのがラベリング論である。ラベリング論は人と人との関係を重視し、その中でなされる「ラベリング」によって非行・犯罪が生まれると考えるものである。ラベリング論の創始者であるベッカーによると、社会は、一般に、一定の規則を設け、その規則を特定の人々に適用する。その規則から外れる人間に対して「※アウトサイダー」というレッテルを貼る。そうすると、そのレッテルを貼られた「アウトサイダー」の行動が逸脱行動となる（ベッカー『アウトサイダーズ』一九六三）。

表 8-2　マートン理論の問題点

①	少年非行の理解には必ずしも適切ではない.
②	中層階級の犯罪を説明することがむずかしい.
③	すべての階級の人が宝石を欲しいわけではない.
④	人間を孤立した存在としてとらえている.

犯罪のラベリング論は、人と人との関係を重視し、非行・犯罪の契機を人間の他の人間との相互作用のうちに求めようとするものである。それは非行・犯罪の発生原因をその人間の動機や性格ではなく、他の人間との関係や社会のあり方によるものと考える。そして、非行・犯罪を人間本人の責任から生じるものとは考えない。非行・犯罪者が特別の人間であったり、犯罪パーソナリティというような特別な性格の人間とは見なさない。また、非行・犯罪は行動それ自体の性質から出てくるのではなく、他の人間、集団、社会によるレッテル貼りの結果から生じるものであると主張する。

　あるひとが犯罪者というレッテルを貼られることによって、そのひとの自我は犯罪者という内容と方向において形づくられてしまう。犯罪とは規則が適用された結果生まれるものであり、犯罪者とは規則違反というレッテルを貼られた人間のことであり、犯罪行動とはこのレッテルを貼られた行動のことである。ラベリング論は、人間の他の人間との相互作用場面で犯罪を問題とするものである［図8-2］。

　このようなことから、犯罪がそもそも何であるかを改めて考えさせることとなる。つまり、犯罪の基準は絶対的なものではなく、相対的なものである。未成年者の飲酒や喫煙、また、放置自転車などは社会のレッテル貼りによって犯罪として生み出されることになる。そこから、「誰が

※**アウトサイダー（outsider）**
　集団や社会の外部に自分を置き、支配的な価値や規範に同調せず、それに反発し、それから逸脱した行動を行う人間を指している。内部の人間であるインサイダーからは異端視され、排除されてしまうことが多いが、既存の秩序を批判し、それを変容することも少なくない。

① 犯罪がそもそも何であるかを改めて考えさせる.

② 「誰がレッテルを貼るのか」をクローズアップする.

③ 非行・犯罪とは一体何であるのかを考えさせる.

図 8-2　犯罪のラベリング論の意義

レッテルを貼るのか」という問題がクローズアップされることになる。その点において、ラベリング論は取り締まる側ではなく、取り締まられる側の立場に立っているといわれている。このように、ラベリング論は非行・犯罪が他者や社会のレッテル貼りによってつくり出されるものであると主張する。そのことによって、非行・犯罪とは一体何であるのかを考えさせるようになる。このことがラベリング論のひとつの意義である。

二　レッテル貼りされる自我

ラベリング論のもうひとつの意義は、レッテル貼りによって人間の自我のあり方が大きく左右されることを指摘したことである。「ラベリング」は人間の自我形成においてきわめて重要な役割を果たしている。たとえば、「犯罪者」というレッテルが人々の自我を大きく規定している。「犯罪者」というレッテルが一度貼られてしまうと、貼られた人間は立ち直ることが困難になり、犯罪を再び引き起こしてしまうようになる。また、アルコール依存症者においては周りからのレッテル貼りが大きな役割を果たし、とくに回復期において、「やっぱりダメだ」、「どーせ無理だ」という言葉によって、再び、元に戻ってしまうことも少なくない。そしてまた、「落ちこぼれ」、「ヤンキー」、「負け犬」というレッテルによって、貼られた本人が実際にそうなってしまうことがある。「太っている」とか、「醜い」という言葉が、醜形恐怖症[※]や思春期やせ症を生み出してしまうようにもなる。母親や先生、また友達の何気ない一言が人々の自我の形成に大きな影響を与えることがよくある。

そしてまた、こんにち、高齢者に対する「ラベリング」の重要性は無視できないものとなっている。周りの人々が「老人」というレッテルを貼ることから、レッテルを貼られた人々は「老人」となり、その自我は「老人」の自我となる。「老人」のあり方は、社会がどのようにレッテルを貼るかによって大きく左右される。こんにちの社会において、「老人」は身体的、精神的な衰退と喪失において特徴づけられ、社会的に役に立たない存在とされている。そこから、「老人」は社会的な負担となり、やっかい者や邪魔者扱いされ、「濡れ落ち葉」などの否定的レッテルが貼られてしまうことになっている。

他方また、レッテルといっても、マイナスのレッテルだけではなく、プラスのレッテルもある。たとえば、「優等生」、「天才」、「本当はいい子」、「やればできる」、「君ならやれる」という励ましのレッテルが大きな役割を果たしている。マラソンの高橋尚子選手は小出《こいで》義雄監督に「おまえは一番になれる。絶対になれる。世界一になれる」と毎日のようにいい続けられ、「もしかしたらなれるのかな」とその気になって、がんばったという（小出義雄『君ならできる』二〇〇四）。「おまえは優等生」、「あなたは天才」、「本当はいい子なんだね」「やればできるはずだ」、「君ならやれるよ」といわれてがんばる人間も少なくない。このことは「予言の自己実現」[※]とも呼べる事柄でもある。「予言の自己実現」とは予言が

※醜形恐怖症（body dysmorphic disorder）・思春期やせ症（anorexia nervosa）

醜形恐怖症とは、自分の身体や顔の美醜に極度にこだわる症状である。

思春期やせ症とは、思春期の女性に多く見られる過食症と並ぶ摂食障害のひとつであり、正式名は神経性食欲不振症である。

実際に実現されることを意味し、自然現象にはない社会現象に特有な事柄である。

しかし、また、このような「ラベリング」が過剰適応や適応障害を引き起こすおそれもある。「優等生」、「いい子」、また、「やればできる」というレッテルが当人にとって重荷になり、レッテルに応えようとして、それによって押しつぶされたり、本当の自分が出せないでしまうこともありうる。このような「ラベリング」は、人間の自我が他者の期待によって強制的につくり上げられてしまう過程を表している。他者の期待が自分の自我のあり方を強く拘束することによって、自我のスムースな展開が妨げられるようになる。そして、自我が歪曲され、真の自我が見失われてしまうことにもなってしまう。

※予言の自己実現
(self-fulfilling of prophecy)

マートンの用語。「予言の自己成就」ともいう。予言や予測したこと、あるいは思い込みや決めつけが、そのまま結果として現実化されてしまうことである。しかし、また、予言や予測をしたことによって影響が生じ、かえって別の結果が生まれるという「予言の自己破壊」もありうる。

三　レッテルを乗り越える自我

「ラベリング」は、人々の自我形成に大きくかかわり、重要な役割を果たしている。人間は他者によるレッテル貼りに強く影響されて自分の自我を形づくるようになる。しかし、他方、人々はレッテルの内容をそのまま自我とするわけではない。レッテル貼りがストレートに自我のあり方を決定することはそれほど多くない。レッテルに反発して、それを乗り越える自我のあり方も存在している。

これまでのラベリング論は、他者の期待が人々を圧倒すると考えてしまっている。それは人間の行為主体としての能力を軽視し、単にレッテルに翻弄《ほんろう》されるだけの無力な存在と見ている。それは人間の主体的あり方を無視してしまっている。しかし、人間はそれほど受け身的ではなく、レッテルに完全に従順であるわけではない。レッテルに反発し、それを乗り越えることも行われる。人間はレッテルに対して意味づけ、解釈し、修正を行っている。

ノーベル物理学賞を受賞した小柴《こしば》昌俊博士が学生の頃、寮の風呂で「小柴は物理が出来ないから、インド哲学かドイツ文学か、どこへ行くか分からないけれど、物理じゃないことだけは確かだろう」と物理の先生がいうのを聞いてしまった。「偶然とはいえ自分にとって屈辱的な言葉を聞いてしまって、なんだか猛烈にやる気が出て」、負けず嫌いの気持ちが物理の方向に進めさせたということである（小柴昌俊『やればできる』二〇〇四）。

「ラベリング」に関して、人々が消極的、受け身的ではなく、積極的、主体的に対応するあり方を明らかにする必要がある。人間は他者から貼られたレッテルをそのまますべて受け入れるわけではない。レッテルを自分の内的世界に位置づけ、解釈し、修正し、変更し、再構成しうる。それにもとづいて、新しい自我を自ら形成できるようになる［図8-3］。

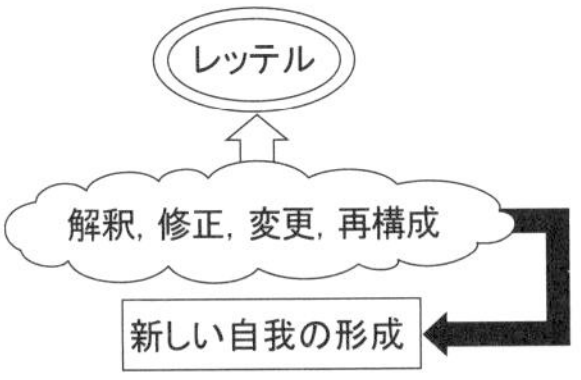

図 8-3　レッテルの乗り越え

Q&A

Q

「ラベリング」とはどのような事柄を指しているのか。また、それは自我のあり方にどう影響を与えているのだろうか。また、レッテルに反発し、それを乗り越える自我のあり方とは具体的にはどのような事柄であるのだろうか。

A

「ラベリング」とは「負け犬」、「ヤンキー」、「優等生」など、一人のひとに対して他のひとや社会がレッテルを貼ることである。もともとは荷物や商品に目印としてレッテルを貼ることであるが、人間や人間行動にもそのことを適用し、人々の自我を解明する概念となっている。「ラベリング」は、ひとが犯罪や非行を引き起こす場合に大きな意味をもち、一人の人間に対して社会が犯罪者、また逸脱者というレッテルを貼る結果、犯罪・非行が生み出されるようになる。

ラベリング論はまた、レッテル貼りによって人間の自我のあり方が大きく左右されることを指摘している。「犯罪者」というレッテルが貼られた人間は、立ち直ることが困難になり、犯罪を再び引き起こしてしまうようになる。「落ちこぼれ」、「ヤンキー」、「負け犬」というレッテルを貼られた本人が実際にそうなってしまうことがある。

他方、マイナスのレッテルだけではなく、プラスのレッテルもあり、「優等生」、「天才」、「本当はいい子」、「やればできる」、「君ならやれる」という励ましのレッテルが自我形成に大きな役割を果たしている。

これまでのラベリング論は他者の期待が人々を圧倒すると考えてしまっているが、

レッテル貼りがストレートに自我のあり方を決定することはそれほど多くなく、レッテルに反発して、それを乗り越える自我のあり方も存在している。

「ラベリング」に関して、人々が積極的、主体的に対応するあり方を明らかにする必要がある。レッテルを自分の内的世界に位置づけ、解釈し、修正し、変更し、再構成し、それにもとづいて新しい自我を自ら形成できるようになる。

H・ベッカー、村上直之訳『アウトサイダーズ』新泉社、一九七八（原著一九六三）。

ラベリング論の先駆的業績であり、逸脱を規則、その執行者、社会統制との関係、マリファナ常用者、ダンス・ミュージシャンのキャリアや集団文化などの逸脱世界の実態から解明し、逸脱研究の問題点を明らかにしている。

R・K・マートン、森　東吾ほか訳『社会理論と社会構造』みすず書房、一九六一（原著一九四九）。

T・パーソンズと並ぶ代表的機能主義社会学者マートンの主要論文集であり、かれの中範囲理論、アノミー論、官僚制論、準拠集団論、パーソナル・インフルエンス論、また知識社会学や科学の社会学についての論文が収録されている。

安川悦子、竹島伸生編著『「高齢者神話」の打破』お茶の水書房、二〇〇二。

「老い」をめぐる神話について、アメリカ、イギリス、日本などの状況を明らかにし、生と死、ジェンダー、健康、医学、政治、経済、社会保障などの観点から、エイジングのあり方について検討がなされている。

第九章　表現する自我／表現される自我——自己表現

一　自己表現のメディア

自己表現とは、自分の気持ち、意志、感情、関心、また態度、思考、意見を表現することであり、また、自分の職業、地位、身分などを表現することも含まれている。自己表現は言葉や身振り、顔の表情や目の動き、また服装や装飾品、携帯品などのシンボルを用いて行われる［図9-1］。

自己表現は、一般に、言葉によってなされる。言葉は自己表現の最も中心的で、最も重要なメディアとなっている。言葉で話すことや書くことによって自分の意見、気持ち、意志などを詳しく表現することができる。言葉は「心の鏡」といわれるように、人間の気持ちをよりよく映し出すものとなっており、また、「寸鉄人を刺す」というように、言葉は急所を突くような強力な効果を発揮する。

実際、言葉を使うことができない場合、自己を表現することがきわめて困難となる。その場合には自己表現がいかにもどかしく、不十分で、また、いらいらさせられることかは

図9-1　自己表現メディア

想像にかたくない。言葉を発することができなかったヘレン・ケラー（Keller）は自分の思いがわかってもらえないと必ず怒りを爆発させたという。けれども、サリバン先生から言葉を教えられたとき、彼女の世界は大きく開かれるようになったという。

「先生は私の片手をとり、水の噴出口の下に置いた。冷たい水がほとばしり、手に流れ落ちる。その間に先生は私のもう片方の手に、最初はゆっくりとw-a-t-e-rと綴りを書いた。私はじっと立ちつくし、その指の動きに全神経を傾けていた。すると突然、まるで忘れていたことをぼんやりと思い出したかのような感覚に襲われた。――感激に打ち震えながら、頭の中が徐々にはっきりしていく。言葉の神秘の扉が開かれたのである。この時はじめて、w-a-t-e-rが私の手の上に流れ落ちる、このすてきな冷たいものの言葉だとわかったのだ。この『生きている言葉』のおかげで、わたしの魂は目覚め、光と希望と喜びを手にし、とうとう牢獄から解放されたのだ」

（ヘレン・ケラー、小倉慶郎訳『奇跡の人 ヘレン・ケラー自伝』二〇〇四（原著一九〇二）

言葉は人間と世界とを結びつける。言葉は自己表現の中心的なメディアとなっている。言葉によって他者とコミュニケーションが効果的に推し進められるようになる。言葉には話し言葉と書き言葉があり、口でいうことができない場合は、文字で書くことで自己を表現でき、また、その方がよりよく自己を表現できる場合も多い。書き言葉はまた、空間的、時間的に遠くにいるひとや多くの人々に対して広く、自己を表現するメディアとなっている。同時に、しかし、書き言葉では自己をうまく表現できなかったり、不十分にしか表現されないことがあり、誤解や曲解を受けてしまうことも少なくない。

言葉はそれが表す内容よりも、それ自体に意味がある場合がある。「いい天気ですね」とか、「どちらまで」という言葉は、天気の状態や行き先を聞いているのではなく、自分の気持ちを告げ、相手との関係を確認することがなされている。また、言葉は場の雰囲気を和らげ、日常生活をスムースに展開させる潤滑油の働きをするものともなっている。この点においても言葉は大きな役割を果たしている。

他方、自己表現には言葉だけではなく、身振り、手振り、顔の表情、目の動きなどが多く用いられている。手を挙げること、うなずくこと、うつむくこと、見つめ合うこと、ちらと見ること、ほほえむこと、あるいは、「ジャパニーズ・スマイル」（日本人独特のあいまいな愛想笑い）やポーカー・フェイス（表情のない顔）などがよく用いられている。

そして、話すときに身振りを交えるように、言葉と言葉以外のものが併用される場合も多い。自分が経験したことを身振りで話すと具体的に説明でき、自己表現が効果的になされるようになる。しかしまた、両者が同時に行われることで、言行が一致せず、その間にずれが生じることもある。言葉から期待されることと身振りから期待されることが異なる

「ダブル・バインド」※（G・ベイトソン、Bateson）状況においては、人々はどのように対応してよいのか困惑し、混乱してしまうことにもなる〔図9-2〕。

自己表現は人間の自我のあり方に関して大きな役割を果たしている。自我は表現されることによって、他のひとによって認識され、評価されるものとなる。気持ちを相手に伝えることをせずに、黙っているだけでは、自分は相手から理解されないことになる。そして、自我の内容は外的に表現されることによって他者に認識され、確認されるだけではなく、同時に、自己自身において認識され、確認されるものとなる。したがって、表現されないかぎり自我は存在しないことになる。自我は人間の内部においてのみ、その位置を占めるものではなく、また、他者の期待を内面化しただけのものでもない。自我はその姿を外部に表す必要のある存在である。

さあ，おいで
どのように
対応してよいのか
困惑し，混乱して
しまう．

図9-2 「ダブル・バインド」状況

ひとは自分の意志、思考、感情などを外に向かって表現する。怒り、悲しみ、喜び、怖れ、痛みは外的に表現される。意志は言葉によって表現され、喜びは笑顔として顔に表され、悲しみは涙となって外的に表現されるようになる。このような自己表現は意識的、意図的なこともあれば、無意識的、無

※ダブル・バインド（double bind）
G・ベイトソンが用いた言葉。二重拘束。子どもが退院のときに母親が口では「さあ、おいで」といいながらも、態度では拒否の姿勢を示しているために、どちらに対応していいのかわからなく、困惑してしまうような状況を指す。

意図的になされることもある。準備に十分な時間をかけ、また表現に工夫を凝らし、相手に理解してもらう努力をすることもあれば、思いつきや不用意な発言によって相手を困らせたり、怒らせたりすることもある。また、何気ないしぐさが思わぬ影響を与えたり、ちょっとした目の動きが予期しない効果を生み出してしまうこともある。

二　自己表現の社会化

自己表現は、ただ表現されれば、それでよいというものではない。たしかに、赤ん坊は泣くことや笑うことで自分の欲求を満たすことができる。しかし、それは母親や父親、また養育者によって泣き声や笑い声の意味が理解されるからである。けれども、それは自我をもった人間の自己表現とはいいがたい。自己表現はそのままでは他者の認識や評価を得ることに結びつかない。自己表現は感情や思考の単なる随伴現象ではない。それは社会化され、社会的に表現されるようにならなければならない。社会化されない自己表現は他者の理解を得られないだけではなく、他者の誤解や否定を生み出すことにもなる。

自我をもつ人間においては、自己表現をパターン化し、他者によって理解可能な形式をもつことが必要となる。自己表現には一定の形式があり、その形式にもとづかないものは他者による認識や評価、また同情を手に入れることは不可能である。泣き声が社会化されなければならないように、欲求の社会的表現形式を学習する必要がある。

自己表現の社会化は、母親、父親、養育者などとの関係から始められる。そこにおいて、子どもは欲求の充足が自分の泣き方や笑い方によって左右されることに気がつくようになる。そこから泣き方、笑い方のパターンを知り、自己表現法を学んでいくようになり、泣き声・笑い声の社会化がなされることになる。子どもは、次第に、言葉を獲得するようになり、物事に名前があることを知るようになる。最初は、片言など、単純な発声の「赤ちゃん言葉」が用いられる。そして、しばらくは言葉の拡大使用がなされ、「ワンワン」は犬だけではなく、猫や馬などにも用いられ、「お花」は木にも石にも用いられる。また、「ママ」という言葉には「母親に来て欲しい」ということと「母親がここに来たこと」などが含まれている。それは子どもの生理的器官が未熟であるとともに、認識がなお不十分で不正確であることを反映している。

しかし、次第に言葉の特定化がなされるとともに、名前に物事があることを発見するようになる。そして、大人の言語使用を模倣し、学習するようになっていく。母親や父親、また養育者は子どもをほめたり、叱ったり、また無関心を装って、正しい表現法の教育を行う。その場合、親からの一方的働きかけだけではなく、子どもからの働きかけも行われている。また、子どもの自己表現法の獲得は兄弟姉妹、遊び友達、そして他の大人とのかかわりにおいてなされる。母親の膝《ひざ》やお菓子の取り合いやけんかを通じて、他者に理解され、自分が受け入れてもらえるように、自己表現の適切な方法を身につけていく。さらに、学校や地域社会において、新しい集団に参加し、集団や社会の期待や規範にもとづいて自己表現の社会化が行われるようになる［図9-3］。

　このような自己表現法の獲得を通じて、日常的コミュニケーションが可能となる。同じことは大人になっても引き続き行われる。大人においても自己表現の社会化がなされなければならない。痛みや怒り、また悲しみなどの感情や気持ちはストレートに表出されるのでは他者の同情を引き、共感を得ることができない。そのためには一定の表現法にもとづいた自己表現がなされる必要がある。

　自己表現には表現の仕方、方法、マナー、作法、エチケットなど、さまざまな表現法がある。また、実際の自己表現の場面では多くの工夫がなされている。巧みな表現の仕方、ユーモアを交えた話し方、変わった表現のやり方など、相手の判断の素材としてよいものを提供しようをする努力がなされる。ときには、演技がなされたり、うそをついたり、だましたりすることも行われる。痛みの感情は、ときに、オーバーな表現の仕方が必要とされる。それによって他者の同情をうまく得ることができる。しかしまた、過剰な表現は誤解されたり、嫌われたりすることもある。病院で

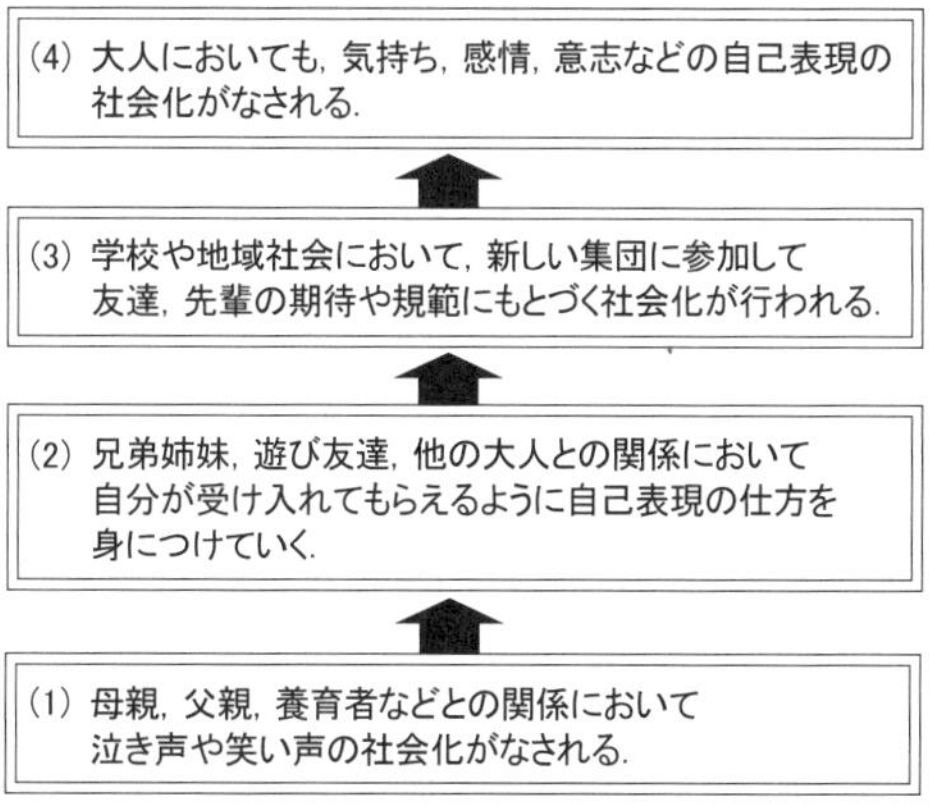
(4) 大人においても，気持ち，感情，意志などの自己表現の社会化がなされる.
(3) 学校や地域社会において，新しい集団に参加して友達，先輩の期待や規範にもとづく社会化が行われる.
(2) 兄弟姉妹，遊び友達，他の大人との関係において自分が受け入れてもらえるように自己表現の仕方を身につけていく.
(1) 母親，父親，養育者などとの関係において泣き声や笑い声の社会化がなされる.

図 9-3　自己表現の社会化

一人ぼっちに放置されている患者の多くが過剰表現のためともいわれる。

他方、痛みや怒りは抑えた表現にしたり、全く表現しないこともなされる。わが国では「押さえて表現する」ことが一般に期待され、「大きな子は人前では泣かない」、「男は黙って耐えるのがよい」とされてきている。このように、自己表現は一定の表現形式に従ってなされなければならない。表現形式に従わない場合は、「礼儀を知らない」とか、「振る舞いが粗野である」と非難され、軽蔑《けいべつ》されてしまうことにもなる。

自己表現は、また、時と所をわきまえ、場面に合ったやり方でなされる必要がある。場面に適合しない自己表現は他者によって正しく理解されないばかりか、ゆがめてとらえられてしまうこともある。笑いは厳粛な状況や悲しみの場面では顰蹙《ひんしゅく》を買うばかりである。また、痛みが状況にふさわしくない表現でなされた場合、同情を得ることができないだけではなく、周りからの回避を招いてしまうことにもなる。また、同一の自己表現であっても他者によって、また状況によっては異なるものとなることがある。「お元気ですか」という一言が相手を励ますことになったり、反抗することになったり、また尊敬することになったりする。「おはよう」という言葉が儀礼的な意味だけではなく、相手との信頼関係を維持したり、回復したりするのに役に立つことがある。

身近のひととの会話の際に、公式的な言葉遣いをすると他人行儀となり、「よそよそしい」といわれる。親に向かって「あなたは」といったり、友達に「お宅は」といったりするような場合はとくにそう感じられてしまう。また、「おもしろかった」という言葉がどういう状況や場所において用いられるかによって、そのもつ意味が異なってくることもある。「お体の具合はどうですか」という発言は、日常の会話で用いられるのと救急車や病院で用いられるのとはその重みが異なってくる。

自己表現には他者の存在が不可欠であり、それは他者に向かってなされ、他者によって認識され、理解されなければならない。他者があって初めて自己表現は意味をもつようになる。他者には、親密な他者や疎遠な他者が存在し、対等、上下、対立、無関心などの関係にある。他者は複数存在し、目の前にいる他者、遠くにいる他者やまた見えない他者も存在している。

三 表現形式の学習

こんにち、自分は自己表現が下手であるとか、苦手であるとか、あるいは、コミュニケーション嫌いだと思っているひとが増えてきている。そして、「口より先に手が出る」ことがしばしば生じ、暴力行為を繰り返したり、「DV[※]（ドメスティック・ヴァイオレンス）」を引き起こすひとが最近目立ってきている。

このようなことの理由として、人々がこれまで自己表現の仕方を学ぶ機会がなかったり、

※DV（domestic violence）
家庭内の暴力、とりわけ夫婦の間での暴力行為を指す。身体的、精神的、性的行為などが含まれる。これまでは私的問題とされてきたが、現在では社会的問題として法的に取り扱われ、加害者には接近禁止や退去が命じられる。また、被害者のために一時的保護のシェルターなどが設けられている。

その機会を奪われてきたことをあげることができる。自己表現の方法は、多くが家族内でのしつけや一家団らんにおいて、また友達同士との遊びやけんかの中で学ぶのが普通である。しかし、こんにち、家庭内の会話や遊び場・遊ぶ時間が少なくなってきたことによって、自己表現の仕方を身につけることがむずかしくなってきている。

その意味において、自己表現の表現形式を意識して学ぶ必要がある。人々は自己表現法の意識的な学習を行うべきことになる。表現形式の学習は一方的、受け身的になされるものではない。他のひとからいわれたとおりではなく、自分なりの自己表現の表現形式をつくり出していかなければならない［図9-4］。

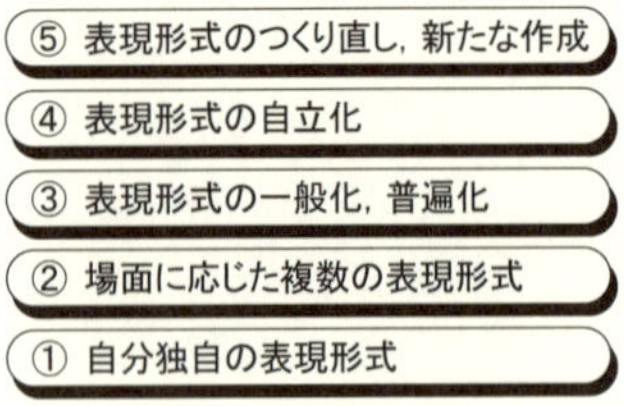

図 9-4　表現形式の学習

自己表現の表現形式は一つではなく、いくつもある。同じことを表現するにも、仲間に対する仕方と先輩や先生に対するものとでは違い、旧知の間柄と初対面の相手との場合とは異なっている。相手によって、場面に応じて異なる表現の仕方がある。自己表現には「状況適合性」※(situational propriety) が必要である［表9-1］。

「状況適合性」とは、自己表現をする場合に状況や場面に見合った仕方を行うことである。このことは身分相応などの身分社会でのことではなく、現代社会における事柄である。「役割コンフリクト」の現代的解決法である「役割コンパートメント化」は場面

※ **状況適合性**（**situational propriety**）
人々の表現様式や行動様式に関していわれること。状況や場面に見合うように行動をコントロールすることである。状況に適合した行動は自分の意図したことが効果的に成し遂げられるが、状況に不適合な場合は他者の怒りを買い、無視され、排除されることも生じる。

表 9-1 「状況適合性」

自己表現をする場合に状況や場面に見合った仕方を行なうこと.
(状況に適合した行動は意図したことが効果的に成し遂げられるが, 状況に不適合な行動は他者の怒りを買い, 無視され, 排除されるようになる.)

に応じて、状況に見合った自己を表現することを表している。

けれどもまた、それぞれの表現形式が全く個々別々のバラバラなものではなく、ある程度のまとまりが必要となる。複数の自己表現法は、その間に結びつけや調整がなされて、組織化され、一般化される。すなわち、自己表現の表現形式の一般化、普遍化が行われなければならない。しかし、また、この表現形式の一般化、普遍化はしばしばその自立化を引き起こす。自己表現の表現形式が内容から離れて一人歩きしてしまうようになる。恋人同士がマニュアルに頼ることによって、互いの心が通わなくなることも生じうる。行儀作法、マナー、エチケットが実状に合わず、現実から遊離し、形式主義、儀礼主義になってしまうことも少なくない。したがって、自己表現の表現形式は内容に沿い、実状に合うように変えられなければならない。人々は適切な自己を表現するために表現形式をつくり直し、また新しくつくり上げる必要がある。

自己表現の表現形式は、固定化されてしまうのではなく、変容され、再構成され、新しい表現形式が生み出されることになる。自己表現法は、決して単純で不変なものではなく、ダイナミックに展開していくものである。現在は自己表現の表現形式が再構成され、新たにつくり上げられつつあるときといえる。そして、自己表現のあり方が変容されると、それに伴って社会関係に変容がもたらされることも少なくない。

男言葉とか女らしい振る舞いというような、言葉や身振りにおける男女差がなくなることは、男女の地位の平等化の結果であるとともに、平等化をいっそう促すものとなる。学生服の衰退やジーンズの一般化は社会の変化を映し出すものであるとともに、社会に変化をもたらすものとなっている。このように、新しい自己表現法の出現は社会の変容と新しいあり方を生み出すことにもつながっている。

Q&A

Q

自己表現の方法にはどのようなものがあるのか。なぜ、人々は自己表現法を意識して学習する必要があるのか。自己表現の学習において注意すべき点はどのようなことだろうか。

A

自己表現とは自分の気持ち、意志、感情、関心、また態度、思考、意見、また、自分の職業、地位、身分などを表現することである。自己表現は、一般に、言葉によってなされるが、言葉だけではなく、身振り、手振り、顔の表情、目の動きなどによってもなされている。自己表現には一定の形式があり、それにもとづかないものは他者による認識や評価、また同情を手に入れることができなく、自分自身による認識や確認がなされることもできない。

このような自己表現には表現の仕方、方法、マナー、作法、エチケットなど、さまざまな表現法がある。また、実際の自己表現の場面では多くの工夫がなされている。そして、自己表現には他者の存在が不可欠であり、自己表現は他者に向かってなされ、他者によって認識され、理解されなければならない。他者があって初めて自己表現は意味をもつようになる。

自己表現の仕方について、人々がこれまで学ぶ機会がなかったり、奪われてきたことから、自己表現の表現形式を意識して学ぶ必要がある。表現形式の学習においては自分なりの自己表現の表現形式をつくり出していかなければならないし、表現形式は一つではなく、いくつもある。

表現形式は、ある程度のまとまりが必要であり、表現形式の一般化、普遍化が行われなければばならない。しかし、また、表現形式の一般化、普遍化はしばしばその自立化を引き起こし、現実から遊離し、形式主義、儀礼主義になってしまうことも少なくない。したがって、自己表現の表現形式は内容に沿い、実状に合うように変えられなければならない。自己表現の表現形式は変容され、再構成され、新しい表現形式が生み出される。そして、自己表現のあり方が変容されると、それに伴って社会関係に変容がもたらされるようになる。

ブック・ガイド

船津　衛『コミュニケーションと社会心理』北樹出版、二〇〇六。

人間のコミュニケーションの特質、自我とコミュニケーションの関係、自己表現のあり方、また、言語、外見、感情のコミュニケーションについて具体的に論じられている。

L・B・アダムソン、大藪　泰、田中みどり訳『乳児のコミュニケーション発達』川島書店、一九九九（原著一九九五）。

乳児が言葉を獲得するまでのコミュニケーションの発達過程を乳児―もの―ひとの関係の組織化をベースに、個体の精神的機能と文化の社会的機能から考察している。

G・ベイトソン、佐藤良明訳『精神の生態学』思索社、一九九〇（原著一九七二）。

関係性の観点から、文化、情報、意味、コミュニケーション、ユーモア、遊び、病理などについて解明するベイトソンの論文集である。遺伝、学習、コミュニケーション、人間の家族、部族、国家、文明の全体を明らかにしようとする、かれの認識論の展開過程が示されている。

第十章　変容する自我
――ケータイする自分、ネット上の自分

一　自己発信する自我

　ケータイは、いまや、日常生活に欠かせないツールとなっている。仕事用、私用、連絡用、おしゃべり用など、さまざまに使われ、街頭や電車、会社や自宅など、いたるところで、また、朝でも、昼でも、夜でも、四六時中用いられている。ケータイは人々が情報を発信することを飛躍的に増加させてきている。総務省によると、二〇〇九年度末の日本の携帯利用率は全体で七四・八％となっており、特に二〇代では九七・三％、三〇代では九五・〇％。そして四〇代では九四・二％と高くなっている（総務省「通信利用動向調査」二〇一〇年一月）［図10-1］。

　ケータイは持ち運びのできるモバイル機器であり、いつ、どこでも、誰とでもコミュニケーションすることを可能とさせる。ケータイはリアルタイムに相手とつながり、ダイレクトに話をすることができる。そこでは人と人との「絶え間なき交信」（J・E・カッツ、M・

A・オークス）が行われ、人々は二四時間ずっと、親密な関係を維持する「フルタイム・インティメート・コミュニティ」（仲島一朗、姫野桂一、吉井博明）が形成されている。さらに、ケータイは親しいひととのつながりを強めさせる。ケータイは用事もないのに、ただおしゃべりをするだけに使われるコンサマトリーなものが多く、そのことによって仲間意識や一体感をもつことができるようになっている。別れた後にすぐにケータイするのもこのことを表しているといえよう。

ケータイはまた、お互い個人情報がなくても親密な関係をもてる「インティメート・ストレンジャー」を生み出している。「インティメート・ストレンジャー」とは、匿名ではあるが、親密である他者であり、メディア上だけで親しくする他者、オンライン上の親友や恋人を指している（富田英典『インティメート・ストレンジャー』二〇〇九）。そこから、新しい「インティメートな自我」が生じてきている。

こんにち、単に情報を受信するだけのウェブ一・〇世代から、自発的に情報を発信するウェブ二・〇世代に流れが次第に移ってきている（梅田望夫『ウェブ進化論』二〇〇六）。ウェブ二・〇世代は情報の能動的発信者としてコミュニケーションを積極的に展開するようになっ

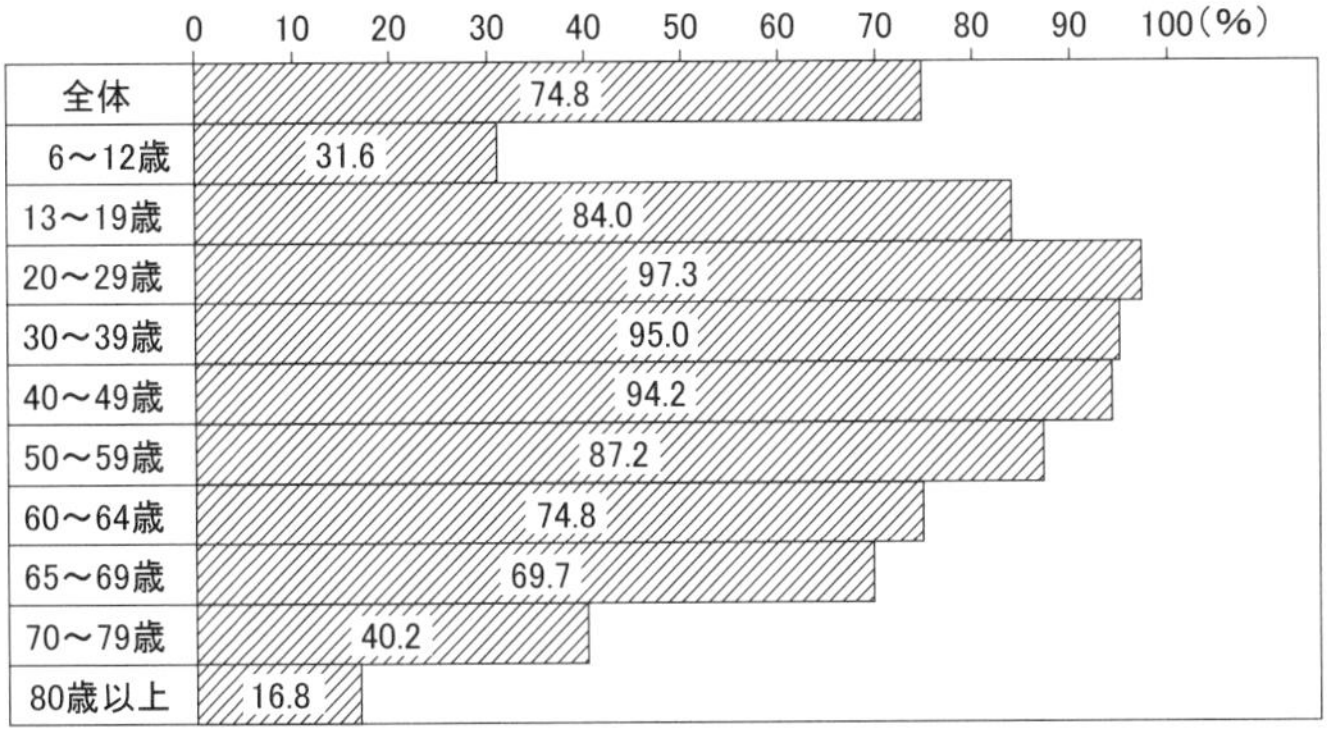

（出所：総務省『通信利用動向調査』2010より作成）

図 10-1　携帯電話の利用率（2009）

ている。過去一年間にインターネットを利用したことのあるひとは二〇〇九年度末現在、推計で九、四〇八万人であり、前年に比べ三一七万人増えており、人口普及率は七八・〇%となっている（総務省「通信利用動向調査」二〇一〇年一月）〔図10-2〕。

インターネットは人々がホームページの閲覧、情報の検索、商品の購入、またメールの送受信などに多く利用されている。インターネットは人々が情報を自由に発信できるだけではなく、人々を世界的規模のコミュニケーションにダイレクトに参加させている。インターネットによって、自ら情報を積極的に生み出す発信型のコミュニケーションが大幅に増加してきている。二〇〇九年度末において、ケータイからのインターネット利用は「電子メールの受発信」が圧倒的に多くなっている（総務省「通信利用動向調査」二〇一〇年一月）。

電子メールはパソコン上で文章を書き、送信し、受信し、それを読むことができる「電子化された手紙」である。それは便利で簡単かつ経済的であり、情報を自由に発信することができ、しかも、身近なひととだけではなく世界中の人々とコミュニケーションすることができるようになっている。

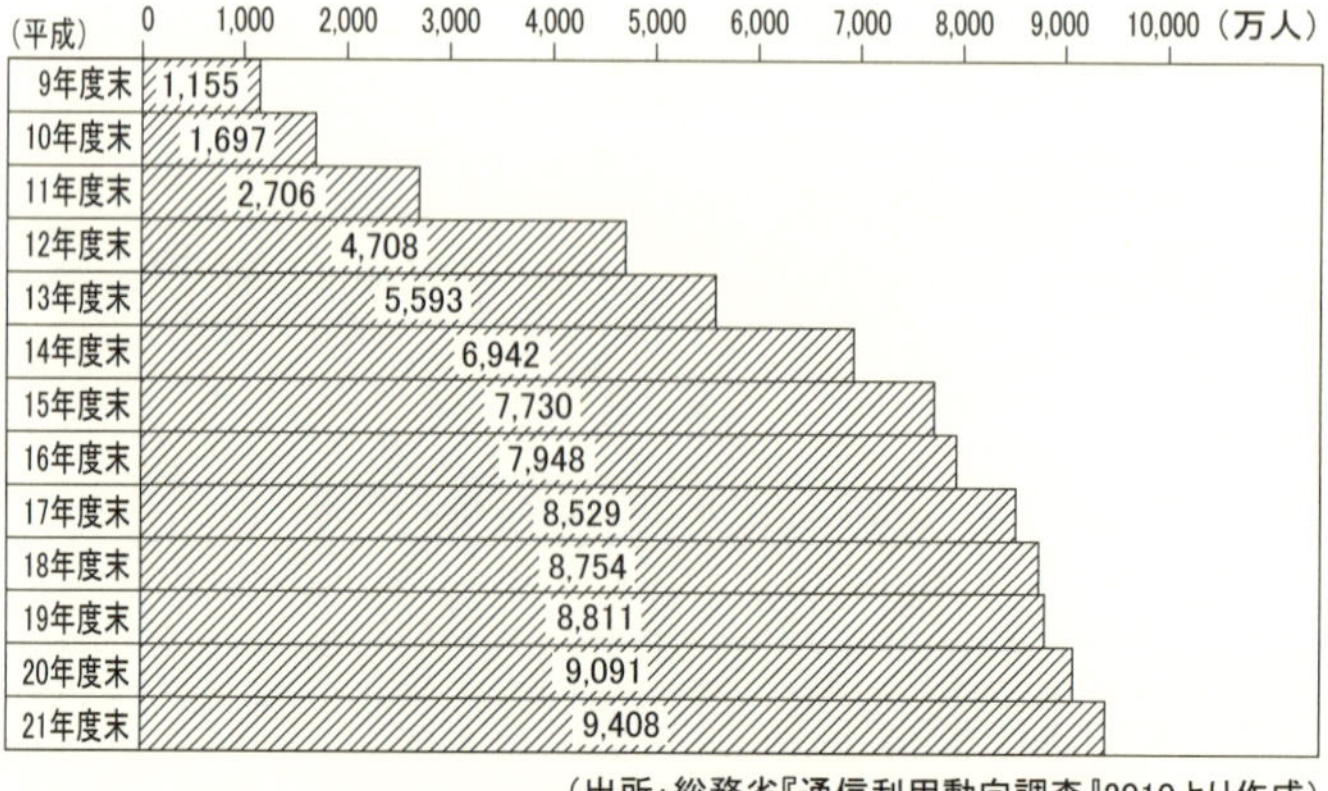

（出所：総務省『通信利用動向調査』2010より作成）

図 10-2　インターネット利用者数の動向

そして、ブログ（Blog）は人々の自己表現の場を大幅に拡大させ、発信型のコミュニケーションを飛躍的に増大させてきている。ブログは、ウェブとログを結びつけたウェブログ（Weblog）のことであり、ウェブ上に自分の日記、日誌、エッセイ、意見、絵画、イラスト、写真などを掲載し、自己の情報を広く発信することができるものとなっている［表10-1］。

総務省情報通信研究所の調査によると、利用者のブログ開設の動機は「自己表現」が三〇・九％で最も多く、ついで、「コミュニティ」が二五・七％、「自分の情報の整理・蓄積のアーカイブ」が二五・〇％となっており、「自己表現」は一〇代、二〇代の割合が高くなっている（総務省情報通信研究所『ブログの実態に関する調査研究』二〇〇九年三月）［図10-3］。また、パソコンからのインターネット利用は二〇〇九年度末では、「企業・政府等のホームページ・ブログの閲覧」が多い（総務省「通信利用動向調査」二〇一〇年一月）。

※SNS（ソーシャル・ネットワーキング・サービス）は自分の存在をアピールし、他の人々とのつながりを拡げていくことが可能となっている。SNSとはインターネット上で人々のつながりをつく

表 10-1　ブログ

ウェブとログを結びつけたウェブログ（Weblog）のこと
ウェブ上に自分の日記, 日誌, エッセイ, 意見, 絵画, イラスト, 写真, グルメ, 音楽, スポーツなどの情報を時系列的に掲載するサイト（情報が蓄積されているサーバー）.

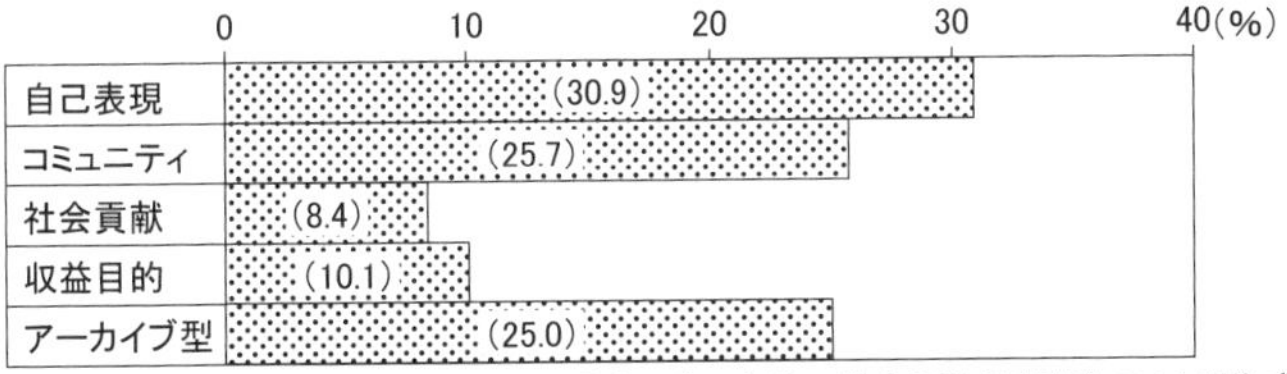

（出所：総務省情報通信政策研究所『ブログの実態に関する調査研究』2009より作成）

図 10-3　ブログ開設の動機

表10-2　SNS

ソーシャル・ネットワーキング・サービス（Social Networking Service）
インターネット上で人々のつながりをつくる会員制のネットコミュニティであり，プロフィールや写真，また，意見，思考，経験などの公開を行わせる．

る会員制のネット・コミュニティとして、プロフィールや写真、また、意見、思考、経験などを公開することを行わせるものである〔表10-2〕。

SNSでは「ユーチューブ（YouTube）」、「価格.com」、「2ちゃんねる」、「ミクシイ（mixi）」、「ニコニコ動画」、「ツイッター（Twitter）」が多く利用されている（ネットレイジング調べ『宣伝会議』二〇一〇年五月）。ほかに「グリー（GREE）」や「モバゲー」などがあり、SNSもまた自己を積極的に発信するものとなっている。

このように、ブログやSNSなど、インターネットにおいて、人々は積極的に発信し、未知のひととの交流を初め、思考や感情の共有、また連帯感を生み出している。そしてまた、世界中の多様な人々の認識・評価・感情を知り、それを通じて自分を認識、評価できるようになっている。昨今のスマートフォン（Smartphone）やタブレット（tablet）PCの普及など、情報機器の進化は、このようなことをいっそう押し広げ、人々の情報発信の度合いを飛躍的に拡大させるものとなろう。それによって人々の自我のあり方も大きく変容し、自我の多様化、流動化が生み出され、新たな自我の創出も行われうるようになる。

※SNS（Social Networking Service）
二〇〇二年頃に、アメリカのスタンフォード大学卒業生による「フレンドスター（friendster）」から始まり、現在は「マイスペース（MySpace）」、「フェイスブック（Facebook）」「ツイッター（Twitter）」「ユーチューブ（YouTube）」、「ユーストリーム」（USTREAM）などが存在している。

二　グローバル化する他者と自我

ケータイはモバイル化によって利用者の場所を脱空間化させている。それは発信者に対して「いま、どこ」と所在を確かめる必要を生み出している。ケータイは人々を場所性から解放させ、他者の範囲を空間的に大幅に拡大させている。インターネットはその名のとおり、ネットワークのネットワークであり、世界中の人々と直接にコミュニケーションを行うことができる。人々はインターネットによって世界の情報の収集、受信、そして利用が自由自在に可能となっている。

インターネット上のコミュニティである「情報コミュニティ」は、物理的空間である場所の共有ではなく、関心や知識などの情報の共有にもとづくものとなっている。「情報コミュニティ」は地縁ではなく、情報縁によるコミュニティであり、人々が同じ場所にいる必要がない「地図にないコミュニティ」（ガンパート『メディアの時代』一九九〇）となっている。「情報コミュニティ」においては、人々のかかわりがフェイス・トゥ・フェイスの直接的関係からメディアを媒介とした間接的関係となっている。そこにおいてコミュニティの範囲が広げられ、地球規模に拡大され、グローバル・コミュニケーションの展開が促進されるようになっている。他者の拡大によって自我の社会性も拡げられ、他者のグローバル化に伴って自我もグローバル化するようになっている。

この「情報コミュニティ」はバーチャル・コミュニティである。バーチャル・コミュニティとは、リアルな環境世界をシミュレートすることを通じてつくり出された世界のことである。人々はそこにおいてリアリティを自由に選択し、組み替え、再編成し、独自なリアリティを構成することができる。「情報コミュニティ」において、人々は主体的にコミュニケーション行動を行い、コミュニティを変化させ、リアリティの再構成を可能にさせる。そこにおいて、バーチャルな自我、「サイバー・セルフ」が生み出されようになる（タークル『接続された心』一九九五）。そして、人々の自我のあり方が、単一の固定的なものから多面的で流動的な「多重人格」となり、新しい自我形成もなされうるようになっている（ストーン『電子メディア時代の多重人格』一九九五）。

三　他者との関係と自我の変容

ケータイは親密な他者との関係をいっそう親密化させる反面、身近なひととのかかわりを追放しつつある。喫茶店に入った仲間が自分たちの話し合いよりもケータイを優先させ、席に着くと直ちに遠くのひととケータイするようになり、目の前のひととの話し合いも、かかってくるケータイによって中断されてしまう。そこにおいて他者との関係の希薄化から自我の孤立化も生じるようになる。また、ケータイは相手の返事を直ちに受け取ることができるが、逆にまた、すぐに出さなければならない即時的コミュニケーションとなっている。

他方、メールの場合は、すぐ返事（即レス）する必要はないけれども、メールが入っているかどうか気になり、いつもメール・チェックをしなければならず、ケータイから離れられなくなる。逆に、メールがないときにはストレスや不安、孤立感を感じるようになる。ここから、ケータイ依存症やケータイ中毒になり、他者に左右される依存的な自我が生み出されることになる。

メールは、言葉足らずやいい過ぎによって誤解を招くことも少なくない。また、感情的に相手を攻撃し、誹謗中傷し、だましたりすることも引き起こしている。遅い返事（亀レス）は相手の不信を生んだり、仲間はずれやいじめをもたらすようにもなっている。自我が独善的、攻撃的、排他的性格をもつようにもなる。

ブログにおいて、仲間とのやりとりに熱中しすぎ、自分を見失ってしまうこともある。そして、ブログやSNSは不特定多数に公開されることから、情報内容が一人歩きして、誤解や個人攻撃を招いたり、誹謗中傷やプライバシーの侵害を受けたりするようにもなる。

「情報コミュニティ」においては、ハンドル・ネームの使用による匿名性から、リアリティからの離脱がもたらされる。そこから、もうひとつの自我をつくり出し、本来の自分とは別人の自我になって、非社会的あるいは反社会的行動をとったりするようになる。また、無責任になって感情的に相手を激しく攻撃する「フレーミング」（炎上）が引き起こされたり、あるいは、プライバシーの侵害などによって、相手を傷つけたり、だましたりする「ネット・ハラスメント」も十分起こりうる。それによって自我の分裂や解体が生じることにもなる。このように「情報コミュニティ」ではさまざまな摩擦が生じ、温かい人間的つながりや共同性が失われてしまい、責任感や倫理観が衰えてしまうおそれがある。そこから人と人とのふれあいが減少し、互いを傷つけ合い、ゆがんだ関係が生まれ、人々の自我にゆがみが生じるようになる。

M・ハイム※（Heim）によれば、「インターナショナル・グローバル・ヴィレッジは空前の蛮族社会を迎える役目を果たすことになるかもしれない」（ハイム『仮想現実のメタフィジックス』一九九三）。また、H・ラインゴールド※（Rheingold）が指摘するように、メディアでつながった見知らぬもの同士が集合化して、暴徒と化し、暴虐の限りを尽くすようになったり、自由とプライバシーを侵害する相互監視や統制の社会を生み出すことになってしまう（ラインゴールド『スマートモブズ』二〇〇〇）。そのことによって自我の崩壊が生じるおそれも出てきている。

これらの問題の解決には、人々が情報リテラシーを十分に身につけ、情報モラルや情報ルールを自ら主体的につくり上げ、批判的、創造的な「情報コミュニティ」を共同して形

※ハイム（Michael Heim）（一九四四ー　）
バーチャル・リアリズムの研究者。著書に『仮想現実のメタフィジックス』（一九九三）、『バーチャル・リアリズム』（一九九八）などがある。

※ラインゴールド（Howard Rheingold）（一九四七ー　）
インターネット、ケータイ、ブログ、バーチャル・コミュニティの研究者。著書に『バーチャル・リアリズム』（一九九一）、『バーチャル・コミュニティ』（一九九三）、『スマートモブズ』（二〇〇〇）などがある。

成していくことが必要となろう。そして、人々の関係は各人の利己的な目的達成のための単なる手段ではなく、人と人との温かいふれあいを生み、そこにおいて憩いや安らぎを感じる「インティメートな自我」を新たに生み出していく必要がある。「情報コミュニティ」は、モノのコミュニティではなく、人と人のコミュニティとして展開されるべきことになる。そこでは情報伝達の効率性よりも、意味の共有性が重視される。そこにおいて、人々の相互理解や助け合いの精神が生まれ、そこから新しい自我を発見できる人間関係の形成が強く望まれることになろう。

Q&A

Q

ケータイやインターネットは、人々のコミュニケーションのあり方にどのような影響を及ぼしているのか。また、他者とのかかわりをどう変化させてきているのか。そして、ケータイやインターネットは、人々の自我のあり方のどのような影響を及ぼしているのであろうか。

A

ケータイもインターネットも人々が情報を発信することを飛躍的に増加させてきている。ケータイは親しいひととのつながりを強めさせ、個人情報をもたなくても親密な関係をもてるようにしている。そこから新しい「インティメートな自我」が生じている。

インターネットは人々が自ら情報を積極的に生み出す発信型のコミュニケーションを大幅に増加させてきている。電子メールは情報を自由に発信させ、ブログによって人々は自己表現の場を大幅に拡大させ、SNSもまた自己を積極的に発信させるものとなっている。

ブログやSNSは世界中の不特定多数に見られ、多様な人々の認識・評価・感情を知り、自分を認識、評価できるようになり、そこから自我の多様化、流動化が生み出され、新たな自我の創発が行われうるようになっている。

ケータイは他者の範囲を空間的に大幅に拡大させ、インターネットは世界中の人々と直接にコミュニケーションさせるようになっている。そこにおいてはフェイス・トゥ・フェイスの直接的関係からメディアを媒介とした間接的関係となっている。コミュニティの範囲が地球規模に拡大され、グローバル・コミュニケーションの展開が促進されるようになり、他者のグローバル化に伴って自我もグローバル化するようになっている。「情報コミュニティ」がバーチャル・コミュニティであることから、バーチャルな自我が生み出され、人々の自我のあり方が多元化、多様化され、新しい自我形成もなされうるようになる。

ケータイは他者との関係の希薄化から自我の孤立化も生み出すとともに、ケータイ依存症やケータイ中毒になり、他者に左右される依存的な自我が生み出されるようになる。ブログにおいて仲間とのやりとりに熱中しすぎ、自分を見失ったり、また、ブログやSNSにおいては情報内容が一人歩きして、誤解、個人攻撃、誹謗中傷、プライバシーの侵害が生じるようになる。

「情報コミュニティ」において、リアリティからの離脱がもたらされ、本来の自分とは別人となり、非社会的あるいは反社会的となったり、また、無責任となって、感情的に相手を激しく攻撃したりするようになる。そこから、自我の分裂や解体が生じるようになる。「情報コミュニティ」では、さまざまな摩擦が生じ、温かい人間的つながりや共同性が失われ、責任感や倫理観が衰えてしまうようになる。そこから人と人とのふれあいが減少し、互いを傷つけあい、ゆがんだ関係が生まれ、人々の自我にゆがみが生じるおそれも存している。

船津 衛『コミュニケーション・入門』改訂版、有斐閣、二〇一〇。

人間のコミュニケーションを初め、自我、人と人、電話、集団・組織、コミュニティ、マスコミ、国際、高度情報社会のコミュニケーションなど、まさに心の中からインターネットまで取り上げ、具体的に検討されている。

富田英典『インティメート・ストレンジャー』関西大学出版部、二〇〇九。

新しい情報通信メディアの利用によって成立した現代人の人間関係を「匿名性」と「親密性」をキー・タームにして電話、ケータイ、コンピュータ・ゲームなどの現実に関して詳細な分析がなされている。

M・ハイム、田畑暁生訳『仮想現実のメタフジックス』岩波書店、一九九五(原著一九九三)。

「仮想現実」(バーチャル・リアリティ)は人々の情報受容のあり方を大きく変えつつある。そのような「仮想現実」がもたらす電脳空間の中において人間はいかに生きていくのかを問題としている。

A・R・ストーン、半田智久、加藤久枝訳『電子メディア時代の多重人格』新曜社、一九九九(原著一九九五)。

こんにち、アイデンティティの感覚、身体との関係、個人と集団との関係が変化していることを、バーチャル・リアリティにおけるアイデンティティの増殖、身体とテクノロジーの溶解として具体的に解明している。

S・タークル、日暮雅通訳『接続された心』早川書房、一九九八(原著一九九五)。

ネット・ワーカーのパーソナリティに着目し、インターネット時代における人々の自我の諸相、ジェンダー、アイデンティティの危機などについて具体的に論じている。

第十一章　見せる自我／見られる自我
──「外見」による自己表現

一　言葉と「外見」

人間の自己表現において身振り、手振り、顔の表情、目の動きなどがよく用いられている。アメリカの社会学者E・ゴッフマン※（Goffman）によると、身体は「コミュニケーションの媒体」としての役割を果たすことができる。こんにち、言葉以外の身振りや顔の表情などが、とりわけ若者において多く用いられるようになってきている。大人たちが自己表現において主に言葉を使うならば、若者たちは言葉以外のもので自己を表現することが多い。身振りや顔の表情、また写真、映像、音楽、アニメ、絵文字などでもって自己表現しようとしている。それは若者が言葉ではうまく表現できないものを何とか表現しようとすることの表れでもある。言葉で表現しようとすると枠にはまったり、型にとらわれたりすると感じ、その枠を突破し、型を打ち破るために、言葉以外のメディアでもって自己を表現することになる。

※ゴッフマン（Erving Goffman）（一九二二─八二）
日常生活における社会的相互作用のあり方を詳細に分析し、そこにおける人々の行為の独自性や規則の果たす特別な意味合いについて浮き彫りにした。その方法は人間の行為を「演技」としてとらえるドラマティズムと呼ばれる。著書に『行為と演技』（一九五六）、『アサイラム』（一九六一）、『出会い』（一九六一）、『集まりの構造』（一九六三）、『スティグマの社会学』（一九六四）、『儀礼としての相互作用』（一九六七）などがある。

言葉以外のメディアは、他のひとに見られることによって自己を理解してもらうことから、「外見」(appearance)と呼ばれる。自分の内面は他のひとには直接見えないが、「外見」は他のひとが見ればすぐにわかるものとなっている。アメリカの社会学者G・P・ストーン(Stone)によれば、「外見」とは他者の視覚に訴えて自己を意識的に表現し、他者の認識や評価を得ようとするものである。

「外見」は言葉を補足し、強調し、補強する。自分だけのすばらしい経験やひとを驚かせるような光景は言葉だけではうまく表現できないし、またいい尽くせないので、身振りや手振りを用いるようになる。また、「外見」は言葉と一緒に用いられることによって自己表現の多次元化がもたらされる。それらは相互強化がなされ、相乗効果《そうじょうこうか》をあげることができる。しかし、両者がずれたり、対立したりする場合は逆効果が生じ、「ダブル・バインド」状況を引き起こしてしまうことにもなる。

また、「外見」は言葉では不適切であったり、不可能であったりする場合によく用いられる。当人の目の前では悪口を他のひとにいうことができないので、肩をすくめたり、うなずいたり、顔をしかめたり、目くばせしたりすることがなされる。それらは言葉の代用や代行を行うことになる。そしてまた、「外見」は言葉以上に意志や感情を強力に伝達することができる。「目は口ほどにものをいい」とか、「涙は深い悲しみを伝える」とかいわれる。それらは言葉では表現されにくい感情を鮮明に表現するメディアとなっている。「外見」は言葉の単なる代用品ではなく、言葉以上のものを表現し、言葉に代わって新しい自己表現メディアとなってきている。「外見」は人間の自己表現のあり方に大きな役割を果たしている。

二　「外見」による自己表現

「外見」の典型として身振り、手振り、顔の表情、目の動きがあげられる［図11-1］。身振りは言葉以上に表現範囲が広く、また柔軟な表現を許容するものとなっている。ひとは腰を折り曲げて、相手への感謝の気持ちや自分の誠実さを表し、うなずいたり、相づちを打ったりして、相手に対する同感や賛成の意を示す。また、首をすくめたり、うつむいたりして、遺憾《いかん》や困惑の気持ちを表現し、腕を組んだり、手を挙げたり、胸を反らしたりして、相手への拒絶や威嚇《いかく》を表している。

また、顔の表情も自己表現メディアとなる。顔は自分の気持ちや感情を表現したり、覆《おお》い隠したり、またあいまいにしたりする。泣き顔、笑い顔、怒り顔、浮かない顔、渋い顔など、顔の表情によって自分の気持ちを相手に訴えることができる。顔を背《そむ》けたり、ゆがめたりして、苦しみや悲しみを表現し、眼尻《めじり》を下げたり、満面笑みにして、喜びを表すことがなされる。また、眉間《みけん》に皺《しわ》を寄せたり、口をへの字に曲げて、怒りや痛みを

図 11-1　外見

表現している。つくり笑いや「ポーカー・フェイス」によって自分の感情を覆《おお》い隠すこともなされる。逆に、「忍ぶれど、色に出りけり」というように、喜びや悲しみの感情が自然と顔に出てしまうこともある。

そして、目の動きも自分の気持ちを相手に伝える効果的な自己表現メディアとなっている。目をつぶることで哀悼《あいとう》の意を表し、目を大きく広げることで驚きを、目で睨《にら》みつけることで怒りを表現する。目から涙を流すことは百の想《おも》いを伝えられる。日本人の場合、目を合わせるよりも、目を避ける方がよいとされる。相手をじろじろ見たり、見返したり、凝視《ぎょうし》することはすべきではないといわれている。けれども、それ故に、伏し目、流し目、色目、冷たい目など、目の微妙な動きによって、自己の気持ち、意志、感情を細やかに表現できるようになっている。

「外見」には、さらに、髪型、眼鏡、服装、また装飾品や携帯品があり、重要な自己表現のメディアとなっている。これらのものは、もともとは機能的な役割を果たすものであり、眼鏡は近視や遠視、また乱視や老眼のために使用され、服装は身を隠したり、覆ったり、あるいは寒さから身を守るために用いられる。しかし、同時に、それらは自分の気持ち、意志、役柄などを表現する重要なメディアとなっている。

髪型は自分の気持ち・気分の変化、また年齢や職業を表すメディアとなる。髪を伸ばしたり、アップしたりすると、自分を大人っぽく見せることができる。茶髪に染めたり、短くカットしたりすると、これまでとは違った自分が表現され、友達から経験や心境の変化を聞かれたりするようになる。おかっぱは低学年の生徒であることを表し、丸刈り（スキン・ヘッド）はスポーツ選手であったり、僧侶であることを知らせることになる。江戸時代には丸髷《まるまげ》という楕円形でやや平たい髪型は既婚者であることを表していたという。

カラフルで、おしゃれでファッション感覚があふれた眼鏡は、人々のそのときどきの気分やTPO（時と場所と場合）に応じた自己を表現するものであり、服装はそのひとの趣味、育った環境、健康状態まで表すものとなっている。礼服やフォーマル・ドレス、カジュアル・スーツやTシャツ、ジーンズは公式の場所や遊びの場面など、TPOに適合した自己を表現するものとなる。ユニフォームやブランド製品、また白衣は自分の会社や学校、また所属団体、そして職業や地位を表している。ホワイトカラーの名称は身につける白のワイシャツからきているといわれる。

服装はまた、性別・ジェンダーを表すために用いられている。レースで飾られたブラウス、花模様のスカート、スリットの深いスカート、ハイヒールの靴は「女らしさ」を表現し、背広、ワイシャツ、ネクタイは「男らしさ」を表している。ストーンによると、アメリカ社会では、これまで、子どもは男の子用、女の子用に区別された服装を着せられていた。親の選んだブルーの服装を着せられて「男の子らしさ」を、ピンクの服装を着せられて「女の子らしさ」を身につけていくようになっていた。制服は高校生にとって強制的なものであるとともに、若さを証明するものとなっている。ジーンズ、Tシャツ、スニーカーを用いることは、若さを表現することにもなる。東欧の一地方ではスカートの色が黄色の場合は既婚者、白い色である場合は未婚者であることを表している。

ひとは気分のよいときと落ち込んでいるときとでは、異なる服装を身につける。何か重大なことを行おうとするときには勝負服が着られる。実際、新しい服を着ると、何か新しい自分になったような気がする。それによって自信をもち、ストレスの解消や気持ちの切り替えが行われ、また、リラクゼーションやケアがなされるようになる。ネックレスや指輪などの装飾品、ハンドバックやかばんのような携帯品なども自己表現メディアとなり、自分の年齢や職業、また社会的地位を表現したり、現在の気持ちや感情を表すようになっている。高価な指輪や貴金属は自分がハイ・ソサイティの一員であることを表現し、高級ブランドのバッグは一流会社のOLであることを示しており、ケータイのストラップは個々人の個性を表現しているといわれる。

このような「外見」が重要視されてきたのは、社会全体の都市化と大きく関連している。かつての農村社会では、皆が顔見知りであったが、現在の都市において、人々は互いの生活史や経験などの個人属性についての情報を有していない。アメリカの社会学者のL・H・ロフランド（Lofland）によれば、都市は個人的に見知らぬ人々である「ストレンジャー」※が住む世界となっている。けれども、「ストレンジャー」たちはお互いを視覚的に直接見

※ストレンジャー（stranger）
見知らぬひと、異邦人、また新規来住者のこと。ストレンジャーは互いに個人属性についての知識をもっておらず、その人間関係は表面的、一時的、限定的なものとなっている。そして、ストレンジャー自身は前にいた社会では通用していたことが新しいところでは通用しないことによって、しばしば、とまどいを経験するようになる。

ることができる。そこで、服装、髪型、装飾品などの「外見」でもって互いの社会的地位や身分を判断するようになる。「外見」は都市に住む人間によって自己を表現するものとして意識的に利用され、都市人の自我のあり方を左右する重要な鍵となっている。

このような「外見」は画一的で固定化しているのではなく、常に変化し、多様化してきている。茶髪があっという間に日本女性の黒髪を席巻《せっけん》してしまった。また、ジーンズやTシャツの使用に男女差のないユニ・セックス化が生じ、赤いシャツやスカート、ズボンなど、互いに異性の服を着るクロス・ドレッシングがなされてきている。そのことによって服装の中性化やボーダーレス化、またジェンダー・フリー化が進み、人々は規格化された服装から自由になり、「男らしさ」、「女らしさ」というしぐさや服装の男女差の解消が図られつつある。

三　「外見」と他者

「外見」の使用においては、他者の存在を無視することができない。「外見」は他者あってのものであり、他者がいなければ少しも意味のないものとなる。髪型や服装を変えても、相手が気づいてくれないならば、自分の気持ちの変化を知ってもらうことにはならない。高価な装飾品も他のひとに見てもらい、賞賛されるのでなければ、自分の地位を誇示《こじ》する

※コケットリー（coquetry）
媚態（びたい）、つまり、女性が男性の気を引くために行う「なまめかしいしぐさ」のことである。それは男性の注意を向けることと退けることとの二側面から成り立っている。そのことによって、弱い立場の女性が男性を支配できるようになるが、しかし、男性に無視されてしまうと何の意味をもたないものとなる。

ことにはならない。ユニークな振る舞いをしても、誰も見てくれない場合は、自己の存在を認めさせることができない。女性のコケットリー※は男性が関心をもってくれることが前提とされ、男性が少しも注意を向けなければ何の意味ももたないものとなる。

他者は「外見」に意味を付与し、それを解釈し、修正・変更・再構成する。笑い顔や流す涙が意味をもつのは、他者によって喜びとして、また悲しみとして意味づけされるかぎりにおいてである。そのように意味づけされない場合は、軽蔑《けいべつ》や敵対が生み出されてしまう。黒のドレスがその場にふさわしいのか、場違いなのか、また、エレガントなのか、異様なのかは、他者の評価次第であり、それによって自分の価値が決まってくることになる。

他者の意味づけや解釈に左右される結果、「外見」の意味の多様性が生み出される。同一の「外見」が全く異なるものに、逆に、全く異なるものが同一のものに受け取られてしまうことも生じる。首を縦《たて》に振ることは、アメリカ人の場合は肯定の意味になるが、ギリシャ人の場合は否定の意味になる。逆に、首を横に振ることは、アメリカ人の場合は否定の意味になるが、ギリシャ人の場合は肯定の意味となる［表11-1］。

親指と人差し指で円く輪をつくることは多くの国々において承諾を表すが、トルコでは穴を、中央フランスではゼロを、チュニジアでは脅しを表している。手を広げて相手に突き出すことはギリシャでは侮辱行為

表 11-1　ジェスチュアの意味（1）

	アメリカ人	ギリシャ人
首を縦に振る	肯定	否定
首を横に振る	否定	肯定

表 11-2　ジェスチュアの意味（2）

	多くの国	トルコ	中央フランス	チュニジア
親指と中指で丸く輪をつくる	承認	穴	ゼロ	脅し

	ギリシャ	モロッコ
手を広げ相手に突き出す	侮辱行為	魔よけ

を、モロッコでは魔よけを意味している［表11-2］。他方、同一の意味でも異なる「外見」でもって表現されることがある。挨拶《あいさつ》を表すのにネパール人は両手を組み、軽くお辞儀するが、ニューギニアのピアミ人はお互いの右手を振り合い、ロシア人は抱き合い、頬《ほほ》にキスをする（モリス『ジェスチュア』一九七九、フォン・エンゲル『ノンバーバル・コミュニケーション』一九八〇、大坊郁夫『しぐさのコミュニケーション』一九九八、野村雅一『しぐさの人間学』二〇〇四）［表11-3］。

表 11-3　挨拶のジェスチュア

ネパール人	両手を組み，軽くお辞儀
ニューギニアのピアミ人	お互いの右手を振り合う
ロシア人	抱き合い，頬にキス

　そして、悲しみの感情は中東の国ではハッキリと外に出すのが普通であるが、日本人の場合は内に秘めるのがよいとされる。日本人においては感情を抑えることが美徳とされ、顔に出さず、できるだけ控え目な表現をし、目立たない身のこなしをするのがよいとされている。

　他方、こんにち、世界の人々が直接の接触することが多くなるにつれ、「外見」の理解や解釈にずれが生じ、多くのトラブルが発生している。それは互いの無理解や自国、自民族、自文化中心という「エスノセントリズム」※によるものが多く、それによって無用な誤解や曲解が生み出され、相互の関係にひびが入ってしまうことも少なくない。

　ここから、そのような意味づけや解釈の基盤となる文化のあり方を認識する必要がある。「外見」の意味は文化的に共有されており、その文化を無視しては自己表現を成功させる

※エスノセントリズム（ethnocentrism）
自国、自民族、自文化中心主義。自国、自民族、自文化を最も優れているものと考え、それを基準として他を劣等と決めつける態度。それによって他国、他民族、他文化を理解することがなく、むしろ、誤解や曲解をしてしまい、相互の関係をゆがめ、軋轢を生むようになる。

ことがむずかしくなる。今後は、自己の理解を相手に押しつけ、一方的に解釈するのでなく、互いの違いを求め、多文化の共生を図るとともに、その間の共通性を新たに見出し、特殊性や個別性を越えた新しい文化の創造へと向かうべきであろう［図11-2］。

① 互いの違いを認め，多文化の共生を図る.

② 共通性を新たに見出す.

③ 特殊性や個別性を越えた新しい文化を創造する.

図 11-2　これからの異文化コミュニケーション

Q&A

Q

「外見」はどのような自己表現メディアであるのか。また、「外見」と言葉との関係、そして、「外見」と他者とのかかわりはどのようなものであるのだろうか。

A

「外見」は他者の視覚に訴えて、自己を意識的に表現し、他者の認識や評価を得ようとするものである。「外見」は言葉を補足し、強調し、補強する。また、言葉と一緒に用いられることによって自己表現の多次元化をもたらす。それらは相互強化、相乗効果、また逆効果を生む。「外見」は言葉の単なる代用品ではなく、言葉以上のものを表現し、言葉に代って新しい自己表現メディアとなってきている。このような「外見」は他者がいなければ少しも意味のないものであり、他者が「外見」に意味を付与し、解釈し、修正・変更・再構成を行う。

「外見」の典型として身振り、手振り、顔の表情、目の動きがあげられる。加えて、髪型、眼鏡、服装、また装飾品や携帯品があり、これらのものは機能的な役割を果たすと同時に、自分の気持ち、意志、役柄などを表現する。「外見」は他者あってのものであり、他者がいなければ少しも意味のないものとなる。「外見」の使用においては他者の存在を無視することができない。「外見」の意味は文化的に共有されており、その文化を無視しては自己表現を成功させることがむずかしい。これからは多文化の共生を図るとともに、その間の共通性を新たに見出し、特殊性や個別性を越えた新しい文化の創造へと向かうべきであろう。

大坊郁夫『しぐさのコミュニケーション』サイエンス社、一九九八。

しぐさや顔などのメディアによるコミュニケーションの機能と伝達過程について、コミュニケーション能力、スキル、コミュニケーション・メディア、親しみのコミュニケーション、欺瞞的コミュニケーションなどを中心に具体的な分析がなされている。

野村雅一『しぐさの人間学』河出書房新社、二〇〇四。

帽子の使い方、小指の役割、眠る姿勢、化粧、ダンス、歩行のあり方、あいさつ、自己演技など、世界各地のさまざまな身振りやしぐさを具体的に紹介し、そのもつ意味を読み解くことがなされている。

W・フォン・エンゲル編、本名信行ほか訳『ノンバーバル・コミュニケーション』大修館書店、一九八一（原著一九八〇）。

身振り、手振り、動作、相手との社会的距離など、言葉以外の「ノンバーバル・コミュニケーション」の機能と構造について、伝達行動、情動表現、社会的相互作用などに関して、具体的な事例を用いて詳しく検討している。

D・モリス、多田道太郎、奥野卓司訳『ジェスチュア』角川書店、一九九二（原著一九七九）。

親指立て、指十字、耳タッチ、Vサイン、投げキス、鼻たたき、頬なで、歯はじき、腕上げ、頭そらしなどのジェスチュアについて、世界二五カ国に及ぶフィールドワークや文献によって比較研究を行い、人間のジェスチュアの地理的分布と歴史的起源を明らかにしている。

第十二章　演じる自我／装う自我――「印象操作」

一　「印象操作」

こんにち、人々は日常生活において服装や髪形などの「外見」にかなりの注意を払い、それに対して何らかの工夫や手入れ、また操作や演技を行っている。化粧をしたり、ダイエットをしたり、髪を染めたり、若々しく振る舞ったり、また、服装にお金をかけたり、さらには美容整形をしたりしている。人々の自己表現は一定の様式に従えば、それでよいというわけではない。それだけでもって他の人々の認識や評価が十分に得られるとは必ずしもいえない。自分が期待する効果を生み出すためには、自己表現に創意や工夫がなされ、意図的、自己意識的な演出や演技を行うことが必要とされる。

ゴッフマンは、「演技すること、それが人間の行為(action)である」という(ゴッフマン『行為と演技』一九五九)。かれによると、人々の行為は舞台の上での俳優の演技と同じものであり、常に他の人間を意識してなされている。俳優の場合、他の人間とは観客を意味し、俳優は観客の目を意識して演技するが、一般の人間の場合も同じように他者を意識して行為する。意識過剰にならないかぎり、他者を意識することそれ自体は決して異常なことでなく、ごく当たりまえの事柄である。クーリーのいうように、人間は他者を鏡として、鏡としての他者を通じて自己を知るようになる。人間の行為は、普通、他の人間を意識してなされている。ゴッフマンは、人間の行為がいかに「演技」であるのかを詳しく論じている［表12-1］。

かれによると、人間の行為が「演技」であるとは、第一に、俳優が観客を意識して演技するように、一般の人間も他の人間を常に意識して行為していることを意味している。第二に、人間は俳優と同じように、他の人間に対する印象をよくしようとする「印象操作」(impression management) を行っている。「印象操作」とは、他の人間のよい印象を獲得するために自己を操作することである。若い女性が美しく見えるようにお化粧をし、中年男性が若く見えるようにジーンズを履き、高齢者が「老人」に見えないように元気よく振る舞うことなどが「印象操作」である。

ひとが化粧をするのは、健康や衛生のためだけではなく、他のひとによい印象を与えようとするからである。「ひとに会うと、まず顔から」といわれるように、顔は人間の第一印象を決め、しかも、そのひとの性格や人柄などが判断されるものとなっている。「およそ女は容《かたち》よりも、こころのまされるこそ、めでたかるべけれ」（貝原益軒《かいばらえきけん》）といわれつつも、顔が何よりも大事とされ、毎日の化粧を欠かすわけにはいかない。そして、男性用化粧品

表12-1　行為＝「演技」

①	俳優が観客を意識して演技するように，一般の人間も他の人間を常に意識して行為している．
②	人間は俳優と同じように，他の人間に対する印象をよくしようとする「印象操作」を行っている．

の売れ行きが好調であるように、いまや男性も化粧するひとが増えてきている。

しかし、よい印象といっても、その基準は必ずしも明確ではない。日本的美人といえば、かつては細い眉《まゆ》、やや低い鼻、平面的で面長《おもなが》、瓜実顔《うりざねがお》であったが、現在では大きな目、ハッキリした眉や口が美人の条件となっている。しかも、現在においても、太い眉の方がよいとか、細い眉の方がよいとか、一重まぶただとか、二重まぶただとか、あまり一定していない。男性の場合もイケメンはあっさりとした顔であるとか、いや、彫りの深い顔であるとか、さまざまである。このように、よい印象の基準は時代、地域、文化によって異なっている。にもかかわらず、人々はそのような基準に合わせて化粧をしていかなければならない。

美しく見えるように眉を長く丸く書き、アイシャドーを塗り、アイラインを引き、つけまつげやマスカラをつけ、そして、頬紅をつけ、口紅を塗る。化粧はまさに「メーク・アップ」であり、自分をよいものに変えることでもある。あるいはまた、自分が若く見えるように、ジーンズやミニスカートを履き、セクシーに見せるために肌も露《あら》わなドレスを着る。大人っぽく見せるために髪をアップし、マニキュアをし、髪を茶色や金色に染める。元気に見えるように軽やかに動き、すっと立ち上がってみせる。やせて見えるように細身のズボンや縦縞のスーツを着るようにする。このように、人間においてはさまざまなやり方で「印象操作」がなされている。

「印象操作」は人々の自己表現として、自己を他者によりよく印象づけ、他者の是認や信頼を勝ち取り、それを通じて自己の目標達成を図ろうとするものである。このような「印象操作」は、演技や装いによって元の自分に手を加え、加工して、自己を拡大・強化させる。それは自分と他のひととの違いをはっきりさせ、自分を際立たせるのに役立つ。また、「印象操作」はひとを生き生きとさせ、かわいく、かっこよく、魅力的にさせる。それは自分を自分以上に見せ、自己のバージョン・アップを行わせる。「印象操作」は意図的、意識的な自己表現のあり方となっている。

二 「印象操作」のタイプ

このような「印象操作」は、日本人の場合はあまり行われていないので、ゴッフマンの指摘は当てはまらないといわれる。しかし、日本人が「印象操作」を全くしないわけではなく、日本人においても「印象操作」は多く行われている。ただし、それは、ゴッフマンのいうように、他者のよい印象を獲得するタイプのものでは必ずしもない。

日本人の「印象操作」は、他者に悪い印象を与えないために行われることが多い。派手な表現を避け、控え目な表現を好み、ストレートな表現よりも、婉曲《えんきょく》的で、間接的で、あいまいな表現をよしとする。フランス文学者であり、日本文化の研究者である多田道太郎によると、目立った身振りがないのが日本人の身振りの特徴であり、日本人の表現法は抑えた表現法となっている（多田道太郎『しぐさの日本文化』一九七八）。日本人において、厚化粧は嫌われ、悪いところを隠す薄化粧が好まれ、また、目立つ服装や振る舞いを慎み、できるだけ地味に、また控え目に行動することが推奨《すいしょう》されている。そして、相手と正面から向かい合ったり、また、視線を合わせたりすることをできるだけ避けるようにしており、痛みや怒りを我慢して抑えた表現をしたり、全く表現しないことも行われている。

多田によれば、これらは表現の抑制が生み出した結果であり、それ故に、日本人においては、わずかな動きが意味をもつことが多くなっている。ちょっとした目の動き、細かい顔の表情、微妙なしぐさが多く用いられ、表現の抑制によって、かえって、多様な自己表現が可能とされる。このように、日本人の場合は、他者によい印象を与えるためというよりも、他者に悪い印象を与えないように「印象操作」が行われている。他者からの非難や否認を避け、自己に対するマイナスの評価を回避しようとする「印象操作」である。それは消極的、防衛的といえる。

ここから、「印象操作」には二つのタイプがあることになる。ひとつは、他者によい印象を与えるためになされる積極的、攻撃的「印象操作」であり、もうひとつは、他者に悪い印象を与えないために行われる消極的、防衛的「印象操作」である。そして、日本人の場合は消極的、防衛的「印象操作」が多いということになる［図12-1］。

他者によい印象を与えるために行われる積極的，攻撃的印象操作
（アメリカ人の場合）

他者に悪い印象を与えないためになされる消極的，防衛的印象操作
（日本人の場合）

図 12-1　「印象操作」のタイプ

しかしまた、消極的、防衛的「印象操作」を行うのは日本人にかぎられることではない。西洋人もまた、そうあって欲しくない容姿をできるだけ隠そうとしており、自然に見せるナチュラル・メイクに多くの努力と技術を動員している。「ポーカー・フェイス」によって、自分の意図を他のひとに悟られまいとかなり苦心している。洋の東西を問わず、人々は消極的、防衛的「印象操作」を行っている。積極的であれ、消極的であれ、また、攻撃的であれ、防衛的であれ、人間はしばしば「印象操作」を行っている。

人々において、「印象操作」が行われるのは日常的な事柄である。それは他のひとが「外見」にもとづいて評価するので、評価の素材としてよいものを提供し、また、悪いものを隠そうとするからである。「印象操作」は、仕事の場面、日常生活の場面、フォーマルな場所、インフォーマルな場所でのＴＰＯをわきまえ、状況に適合する必要がある。しかも、それが目立ちすぎても、影が薄くても効果がなく、その積極、消極のバランスをとることが必要とされる。

このような「印象操作」の効果は、他者の意味づけ・解釈に大きく依存している。それは男の目、女の目、友達、親、恋人による認識や評価によって異なってくる。男性からすると好印象であっても、女性の立場からすれば悪い印象でしかないことも多い。ヨーロッパではエレガントと評価されても、アメリカや日本ではそういう評価はなされず、ただ「かわいい」とされることが多い。

三　「本当の自分」と「うその自分」

「印象操作」は「本当の自分」とは異なる自分を相手に示すことでもある。化粧はまさにそうであり、素顔の自分とは違うものを他のひとに見せることになる。背の低いひとはハイヒールを履き、気の弱いひとはサングラスをかける。悲しくても笑顔を見せていかなければならないこともある。それは「本当の自分」とは異なるもう一人の自分、「うその自分」を表していることになる。

ひとは自分を「本当の自分」と「うその自分」の二つに分け、「本当の自分」は外に出さずに、「うその自分」を他のひとに示すことを行う。それは「本当の自分」をそのまま示しても、相手が受け入れてくれないばかりか、かえって、つぶされてしまうからである。受け入れてもらうためには「うその自分」を見せていかなければならない。

ターナーによると、「うその自分」には「失敗」、「場当たり」、「利己主義」、「不誠実」の四つのタイプがある〔図12-2〕。それは「『本当の自分』法」によって、「あなたはこれが本当の自分ではないと思ったり、感じたりするのはどのようなときですか」という質問に対する回答から類型化されたものである。「失敗」は「自分が努力しても、目標が達成されないとき」であり、「場当たり」は「その場その場で適当にやってしまうとき」

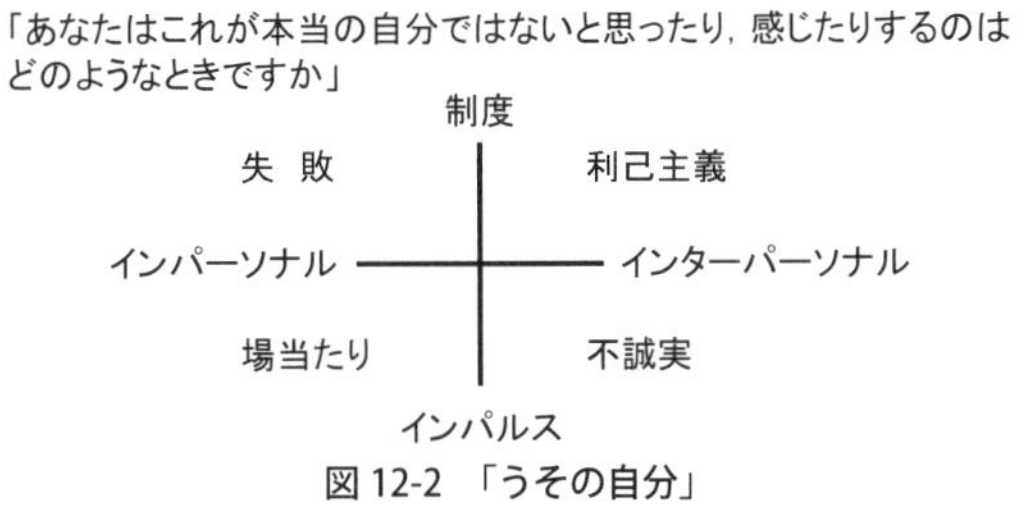

図 12-2 「うその自分」

である。「利己主義」は「ひとのためではなく、自分のために行動するとき」であり、「不誠実」は「親しい人間との間でうその自我を見せるとき」である。

ターナーが一九七三年にカリフォルニア大学ロサンゼルス校の学生を対象として行った調査結果によると、男性の場合「利己主義」が二二・一%、「不誠実」が二五・〇%であったが、女性の場合は「利己主義」が二五・二%、「不誠実」が三三・三%と「不誠実」が多くなっている〔図12-3〕。また、宗教信者の場合「利己主義」が二八・三%、「不誠実」が二三・九%であるが、非信者の場合は、「利己主義」が一五・七%、「不誠実」が三八・二%と「不誠実」が多くなっている。そして、既婚者の場合は「利己主義」が四三・五%、「不誠実」が一七・四%であり、「利己主義」が多くなっているが、未婚の場合は「利己主義」が二一・七%、「不誠実」が三〇・〇%であり、「不誠実」が多くなっている。このように、女性、非信者、未婚においては「不誠実」が多いのは、これらの人々の場合には、現在、自他の不一致があり、他者の期待する自分と「本当の自分」との間にずれが存在していることを示唆している。このことは感情表現のあり方に関しても当てはまる事柄となっている。

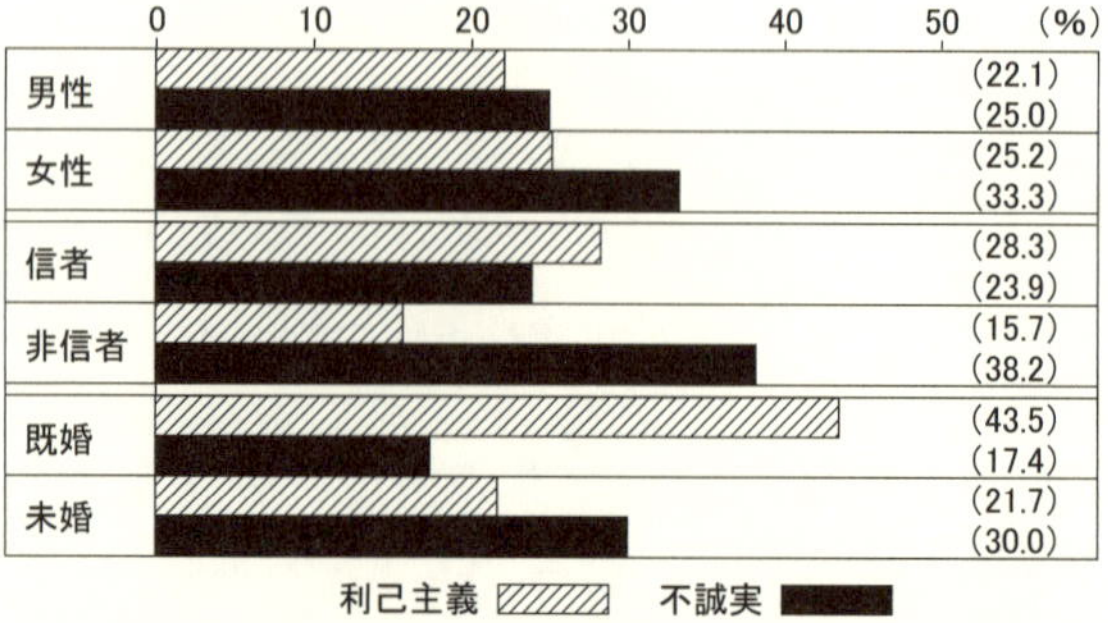

(Turner. R. H. and J. Schutte, The True Self Method for Studing the Self-Conception, *Symbolic Interaction,* 4, 1981, p.17より作成)

図 12-3 「利己主義」と「不誠実」

人々の感情は「感情ルール」に従って社会的に表現される。「感情ルール」とは、アメリカの社会学者A・R・ホックシールド※（Hochschild）によれば、人々の感情表現に関して「そうすべきである」とか、「そうしなければならない」という規則・基準を指している（ホックシールド『管理される心』一九八三）。たとえば、葬式では悲しみの感情を、結婚式では幸せの感情を表現すべきである。また、日本人は喜びや悲しみの表現を控えめにしなければならない。自分の感情がそうでなくてもそうしなければならず、そうしない場合は非難や顰蹙《ひんしゅく》、あるいは攻撃、また回避がなされてしまうことになる。

そこで、このような「感情ルール」との関連で「感情操作」(emotion management)がなされるようになる。「感情操作」は人々の感情が「感情ルール」からずれた場合に、そのずれをカバーするものとして行われる行為である〔図12-4〕。たとえば、悲しいと思わないときでも、悲しそうに装うことが「感情操作」である。その意味では、「感情操作」は「印象操作」の感情編に当たっている。「印象操作」が、他者の印象を獲得ないし回避するために自己を操作するように、「感情操作」も「感情ルール」に合うように自分の感情を操作している。そして、「印象操作」が外的な印象の操作であるのに対して、「感情操作」は内的な感情を操作するものである。したがって、「印象操作」が表層的操作であるのに対して、「感情操作」は深層的操作であるといえる。

ホックシールドによると、フライト・アテンダント（客室乗務員）は、顔の表情をスマ

※ホックシールド
(Arlie Rassell Hochschild)
（一九四〇－）
アメリカの社会学者。感情の社会性を解明する感情社会学研究の第一人者。主著に『管理される心』（一九八三）、『セカンド・シフト』（一九八九）などがある。

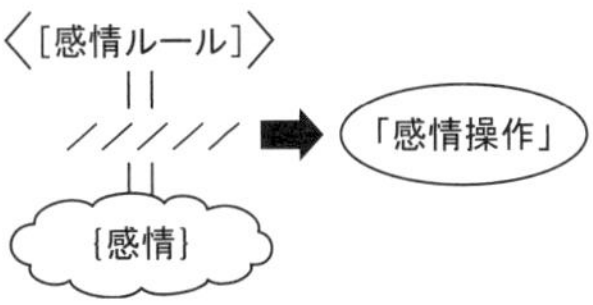

図12-4　感情・感情ルール・感情操作

イルに操作をするだけではなく怒りそのものを感じないように「感情操作」を行っている。また、アメリカの社会学者G・リッツアー※（Ritzer）によれば、ファストフードの店員の行動は「マクドナルド化※」されており、そこではマニュアルにもとづいて「感情操作」がなされている（リッツアー『マクドナルド化する社会』一九九三）。

したがって、「感情操作」も「本当の感情」とは異なる感情を相手に示していることになる。そして、「本当の感情」は外に出さないで、「うその感情」を他のひとに見せることがなされている。「感情操作」も「本当の感情」をそのまま出すと受け入れられないので、他者の期待に沿うように「うその感情」を表現することになる。「印象操作」も「感情操作」も他者の期待や「感情ルール」と「本当の自分」や「本当の感情」との間にずれや不一致があることから、他者の期待や「感情ルール」に従って、「うその自分」、「うその感情」を出していることになる。

このことは、しかし、危険なことを行っていることでもある。それは「うそ」が「うそ」でなくなるからである。「うそ」の仮面が取れなくなり、それがそのまま素顔になってしまうようになる。その結果、「本当の自分」や「本当の感情」が見失われてしまうことにもなる。「外見」にとらわれてつくられた自分や自分の感情は「自分ではない」ものとなり、自分を表現したくてもうまく表現できなくなり、楽しくても心から笑えなくなり、悲しくても本当に涙が出てこなくなってしまう。

※リッツアー（George Ritzer）（一九四〇－）
アメリカの社会学者。社会学理論および現代社会論としての「社会のマクドナルド化」で有名。著書に『社会学』（一九七五）、『社会学理論』（一九八三）、『マクドナルド化する社会』（一九九三）、『社会学理論のフロンティア』（編著）（一九九〇）などがある。

※マクドナルド化（McDonaldization）
アメリカの社会学者G・リッツアーが用いた言葉。効率性、計算可能性、予測可能性、技術や規則による統制が行われる合理化がなされることである。「マクドナルド化」は、こんにち、ファストフード産業のみならず、銀行、大学、病院、そしてまた日常生

こんにち、人々がサービス産業に従事する機会が増加することから、「印象操作」や「感情操作」が多く行われるようになっている。そこから、自我や感情自体に商品価値があるとされる「自我の商品化」、「感情の商品化」※が進み、自我や感情の疎外が広く引き起こされ、自己喪失が生じ、非人間化されるおそれがある。その意味では、「印象操作」も「感情操作」も、人々にとって大いに役立つとともに、害を受けることも多いという「諸刃の剣」となっている。けれども、また、人間の自己表現、感情表現においては、他者の期待とは少しずらすことが可能である。他者の期待どおりではなく、それと意図的にずらして自己や感情を表現する「役割距離」行動がなされるようになる。

活のすべての領域に進行している。

※感情の商品化（commodification of emotion）

産業労働のサービス化によって、人々の仕事は「感情操作」が必要不可欠となっている。とくに、フライト・アテンダントの場合は、感情それ自体が商品価値があり、「感情の商品化」が進む。そこにおいては、笑顔の感情表現に加えて、怒りそのものを感じない深層的操作がなされるようになっている。

Q&A

Q

「印象操作」とはどういう事柄を指し、どのようなタイプが存在しているのだろうか。また、「感情操作」とはどういう事象を表しているのか。そして、それらによって生じる問題はどのようなことであろうか。

A

「印象操作」とは自己を他者によりよく印象づけ、他者の是認や信頼を勝ち取り、それを通じて自己の目標達成を図ることであり、意図的、意識的な自己表現のあり方となっている。人々において「印象操作」が行われるのは他のひとが「外見」にもとづいて評価するので、評価の素材としてよいものを提供し、また、悪い者を隠そうとするからである。

「印象操作」には二つのタイプがある。ひとつは他者によい印象を与えるためになされる積極的、攻撃的「印象操作」であり、もうひとつは他者に悪い印象を与えないために行われる消極的、防衛的「印象操作」である。

「感情操作」とは人々の感情が「感情ルール」からずれた場合に、そのずれをカバーするものとして行われる行為である。「感情ルール」は人々の感情表現に関して「そうすべきである」とか、「そうしなければならない」という規則・基準を指している。「感情操作」は「印象操作」の感情編に当たっており、また、「印象操作」が表層的操作であるのに対して、「感情操作」は深層的操作となっている。

このような「印象操作」も「感情操作」も「本当の自分」とは異なる「うその自分」

を相手に示すことでもある。他者の期待と「本当の自分」との間にずれや不一致があることから、「うその自分」を見せている。それは「本当の自分」をそのまま示しても、相手に受け入れられないばかりか、つぶされてしまうからである。受け入れてもらうためには「うその自分」を見せていかなければならない。このことは、しかし、危険なことを行っていることでもある。それは「うそ」が「うそ」でなくなるからである。その結果、「本当の自分」や「本当の感情」が見失われてしまうことにもなる。

こんにち、人々がサービス産業に従事する機会が増加することから、「自我の商品化」、「感情の商品化」が進み、自我や感情の疎外が広く引き起こされ、自己喪失が生じ、非人間化されるおそれが存している。

E・ゴッフマン、石黒 毅訳『行為と演技』誠信書房、一九七四（原著一九五九）。

人間の行為は演技であるとするゴッフマンのドラマトゥルギーについての代表的作品であり、「外見」の果たす意義と役割について問題としており、「印象操作」や「役割距離」について具体的に論じている。

多田道太郎『しぐさの日本文化』角川書店、一九七八。

あいづちを打つ、寝ころぶ、はにかむ、しゃがむ、頑張る、座る、直立不動、低姿勢、触れる、握手、にらめっこなど、しぐさや身振りを通して、日本人と日本文化の特質を明らかにしているユニークな日本文化論である。

A・R・ホックシールド、石川 准、室伏亜希訳『管理される心』世界思想社、二〇〇〇（原著一九八三）。

フライト・アテンダントや集金人などに対してインタビューを行い、「感情操作」、「感情ルール」、「感情労働」などの概念を用いて、現在のサービス産業に従事する労働者の「感情の商品化」の実態を解明している。感情社会学のバイブルともいわれる。

G・リッツアー、正岡寛司監訳『マクドナルド化する社会』早稲田大学出版部、一九九九（原著一九九三）。

「マクドナルド化」がファストフード産業のみならず、教育、医療、大学、ジャーナリズム、ビジネスなど、あらゆる分野において進行していることを具体的に明らかにしている。

第十三章　他者の期待から離れる自我──「役割距離」

一　「役割距離」行動

こんにち、多くのサービス産業において、ほとんどの作業がマニュアル化され、人々はマニュアルにもとづいて「印象操作」や「感情操作」を行っている。しかし、そのことによって人々の自我や感情が疎外され、自己喪失が生じ、非人間化するおそれも生み出されている。

けれども、また、人間の自我は他者の期待どおりになされる必要は必ずしもない。人々の日常的な自己表現は他者の期待どおりになされているわけではなく、むしろ、他者の期待とはややずれた形で行われることが少なくない。他者の期待とは意図的に異なったやり方をすることを、ゴッフマンは「役割距離」(role distance) 行動と呼んでいる。「役割距離」行動とは、役割期待から距離を置く行動のことである（ゴッフマン『出会い』一九六一）。

フライト・アテンダントやファストフードの店員も、しばしば「役割距離」行動を行っている。かれらはマニュアルどおりではなく、それとは少し異なる行動をとっている。特定の客には余分なサービスをしたり、特別の愛想を振りまいたり、逆に、スマイルを控えたり、いらだった振る舞いをしたり、再来店のお願いをしないことなどがよく行われている。このように、期待通りではなく、それとは異なったやり方をすることが「役割距離」行動であり、ゴッフマンによれば、それもまた「役割」行動のひとつである。

「役割」※は、ひとが一定の地位についたときに付随してくるものであり、他の人間の期待や社会の規範からなる「役割期待」とそれに応じてなされる「役割行動」からなっている。人間の成長過程において役割期待や社会規範を内面化する「社会化」が行われ、「役割行動」がスムースになされるようになる。役割期待や社会規範に沿う行動が「役割行動」であり、沿わない行動は逸脱行動であり、従来、それは「役割行動」ではないとされてきた〔表13-1〕。

これに対して、ゴッフマンは「役割期待」と実際の行動とは別物であるとして、両者を分け、「役割期待」に沿わない行動もまた「役割行動」であると主張する。そして、「役割期待」から少しずれる行動を「役割距離」行動と規定し、それを正面から取り上げ

表 13-1 「役割」行動と逸脱行動

役割行動	役割期待，社会規範に従う行動
逸脱行動	役割期待，社会規範に沿わない行動

表 13-2 「役割距離」行動

「役割距離」行動＝役割期待からずれる行動
① 人は他者にすべて同調するのではない．
② 役割期待に含まれる自己を拒否する．
③ 役割期待から逸脱していることを伝える．
④ 他者からの期待から相対的に自由で，自律性をもつ．

※役割（role）

ひとが一定の地位についた場合に常に付随してくるのが「役割」である。役割は他の人間、また社会による期待である「役割期待」とそれに関連にしてなされる「役割行動」からなっている。「役割期待」が複数で、しかも両立不可能なときには「役割コンフリクト」が生じるようになる。「役割」は決して固定したものではなく、変化・変容するものである。

る〔表13-2〕。「役割距離」行動における「距離」とは役割の長さや幅ではなく、役割への距離でもない。それは他者の役割期待や社会の規範から少し異なった行為をすることである。人々は「役割距離」行動において他者の期待や社会規範とはやや違ったやり方をするようになる。

「役割距離」行動の具体的な例として、ゴッフマンは遊園地のメリーゴーランドに乗る年長の児童の行動をあげている。メリーゴーランドは、普通、年少の幼児の乗り物であるが、年長の児童もまた乗ってみたいと思う。そこで手放しや後ろ向きや片足を上げて乗るなど、普通に決められた乗り方とは異なる変則的な乗り方をする。そのことによって、メリーゴーランドに乗りたいという欲求を充たすことができる。

もうひとつの例として、手術室での外科医の行動をゴッフマンはあげている。手術室は一般に厳粛であるべきとされているが、外科医がくだけた表現を用いたり、冗談をいったりする。また、スタッフをファーストネームやあだ名で呼んだり、私的事柄を話題にしたり、インフォーマルな役割を演じたりする。このような行動によって手術室の緊張がほぐれ、雰囲気が和らげられ、手術がスムースに運ぶことにもなる。ゴッフマンによると、このような「役割距離」行動は、個人と役割との間に楔《くさび》を打ち込むことである。「役割距離」行動は役割期待から離れ、役割期待と期待される行動との中間に位置するものとなっている。

二 「役割距離」行動と主体的行為

「役割距離」行動は、ひとが他者や社会に完全に同調するわけではないことを示唆している。それは他者の役割期待に同調せず、その役割期待に必ずしも全面的に従わない人間のあり方を表している。役割期待や社会規範は、実際上はそれほど硬直的で強制的ではなく、また、それを固守する必要は必ずしもない。他者の期待や社会の規範はかなり柔軟であり、それから少しずれた行動をすることが、かなりの程度許される余地を残している。

「役割距離」行動は役割期待に含まれる自己を拒否し、それを無視したり、抵抗したりすることを表している。それは期待されている役割には組み込まれない自分を表現し、自分が役割期待から離れていることを効果的に伝える行為となっている。女子高校生が制服のスカート丈の長さを変えたり、形を手直ししたり、制服の襟《えり》にちょっとしたポイントをつけたりする。また、若い女性がギャル・メイクや金髪など、他のひとと異なる個性的な化粧や髪型をしたりする。そして、ズボンとスカートを独自に組み合わせたり、流行のファッションを自分なりにコーディネートしたり、すり切れた服を着たり、破れたジーンズを履いたりする。これらも「役割距離」行動といえる。

あるいはまた、日常会話において意識的に方言を用いたり、デートのときに五分遅れたりする。皆と一緒の食事のときに遅れて席についたり、本に読みふけったり、食事中に口をきかなかったりする。これらの行動も自分の存在を他者に認めさせようとする「役割距離」行動である。そして、消費行動において、他のひととの差異を重視し、個性や独自性を強調する「少衆」や「分衆」の行動もまた、大量生産、大量消費の時代に画一的行動をとる「大衆」とは異なり、「役割距離」行動として考えることができよう。

このような「役割距離」行動のうちに自分が他者の期待から相対的に自由であり、自律性をもつことが表されている。そして、その行動は他者の期待とは異なる自分、つまり、「本当の自分」を示そうとする気持ちが表現されている。その意味では、「役割距離」行動を行う人間は消極的ではなく積極的な存在として考えられることになる。ゴッフマンは「役割距離」行動が人間の主体的あり方を表すと主張している。

三 「調整」行為

「役割距離」行動に関連して、「調整」(aligning) 行為が人々によってなされている。「調整」行為とは、人々が他者の期待から逸脱したり、違反したりした場合に、期待と行為との間を調整する言語表現を指している。それは役割期待と一致しない「役割距離」行動を言葉によってカバーしようとするものとなっている。たとえば、「とくに意図があってそ

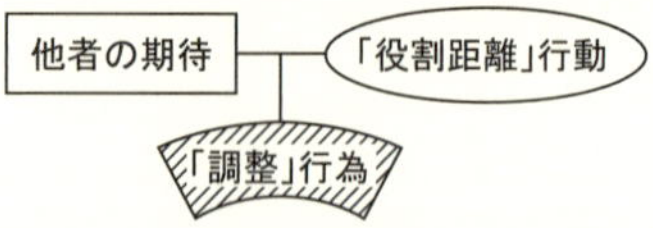

（期待と行為との間を調整する言語表現）
「役割距離」行動を肯定，他者の是認を求める

図 13-1 「調整」行為

うしたわけではない」とか、「こういうことは皆がやっていることだ」と述べることである。「調整」行為は「役割距離」行動の肯定を行い、それを他者に対して是認を求めるものとなっている〔図13-1〕。

「調整」行為には「役割距離」行動の「事前」（ex ante）になされるのか、「事後」（ex post）になされるのかによって二つのタイプに分けられる〔表13-3〕。「事前」になされる場合、「調整」行為は役割期待とのずれをあらかじめ予測して、予防線を張ったり、留保をつけたり、また、逃げを打ったりする行為となる。たとえば、「突然のご指名にあずかり」、「あらかじめお断りしますが」、「粗末なものですが」、「何もございませんが」などのような表現である。

「事後」になされる場合の「調整」行為は言い訳、釈明、弁解、弁明など、自分の行為の正当性を主張するものである。たとえば、「自分は知らなかった」、「悪意はなかった」と無知を装ったり、意図を否定したりする。また、「抜けられない用事があった」、「大人もしている」と述べ、事情を説明したり、他のひとを引き合いに出して自分の行為の「※中和化」をはかることである。また、へりくつやこじつけを行ったり、大儀名分や理論まがいの疑似理論を持ち出したりすることも含まれる。

表 13-3 「調整」行為のタイプ

「事前」
役割期待とのずれをあらかじめ予測し，予防線を張り，留保をつけ，逃げを打つ
例：「突然のご指名にあずかり」，「あらかじめお断りしますが」，「粗末なものですが」，「何もございませんが」

「事後」
言い訳，釈明，弁解，弁明など，自分の行為の正当性の主張
例：「自分は知らなかった」，「悪意はなかった」，「抜けられない用事があった」，「大人もしている」，中和化，へりくつ，こじつけ，大儀名分，疑似理論

川に映った自分の姿に吠えて、口にくわえていた獲物を失ってしまう『イソップ物語』の犬のように「あれはおいしくないものだ」といったり、また、「これはすべてのひとの幸福のためにやったことである」などと述べることも事後の「調整」行為に該当している。

このような「調整」行為によって、人々は自分に対するマイナスの評価を免《まぬが》れ、本来の自分を確保しようとする。そして、それを社会的に表現して自分の存在を他者に認めさせようとするものとなっている。その意味では、「調整」行為も「本当の自分」を主張しようとする行為といえるかもしれない。

けれども、このような「役割距離」行動も、「調整」行為もすべて人間の積極的な主体性を表すのかといえば、必ずしもそうではなく、いずれも消極的なものに止まっている。それらは他者の期待や社会の規範を全体として認め、それを前提とした上で、それから距離を置くにすぎず、現在の役割期待の枠内での行為でしかない。

「役割距離」行動は、役割期待そのものには何の手も加えず、その修正や変更は意図しないものである。それは現存の他者の期待や社会規範の変容を視野の外に置いている。むしろ、「役割距離」行動はそれらを大筋において認め、それから距離を置くだけにすぎないものとなっている。そこでは役割期待そのものは何の変更もなされず、そのままで存在し続けるものとなる。アメリカの社会学者A・W・グールドナー（Gouldner）によれば、「役割距離」行動は既存秩序を変革するのではなく、それにいかに適応するかという

※**中和化（neutralization）**
非行少年が他の人間を例に出して、自分の行為を正当化するなど、逸脱行動の弁明のために責任回避、危害の否定、非難者の非難、高度の忠誠への訴えなどを行う行為として現れる。

「第二次適応」※となってしまっている（グールドナー『社会学の再生を求めて』一九七〇）［表13-4］。

他方、「調整」行為もまた、役割期待への働きかけやその変容を意図していない。それは言い訳、言い繕い、言い換え、言い抜けなど、言葉の上のことで終わってしまう可能性もある。「調整」行為は自己防衛として役立つが、新たなリアリティの形成をもたらすものとは必ずしもなっていない。

「役割距離」行動も、「調整」行為も、大局的に見ると、大きな流れに巻き込まれてしまう小石のようなものであり、いずれは、その姿が見失われていくことになるだろう。したがって、「役割距離」行動や「調整」行為の意義は一定限度内のものとなり、主体性といっても消極的なカテゴリーに属するものに止まることになる。問題の解決には他者の期待や社会の規範に働きかけ、それを修正し、再構成することが必要とされる。ここから、既存の枠を越えて新たな行為が展開する「役割形成」行為のうちに、より積極的あり方が求められることになる。

表 13-4 「役割距離」行動・「調整」行為の意義

① 既存秩序の変革ではなく，「第2次適応」である．
② 大きな流れに巻き込まれてしまう小石のようなもの
③ 主体性の消極的なカテゴリー

※第二次適応 (secondary adjustment)
秩序を変革するのかではなく、既存秩序にどのように適応していくのかという事柄である。そこにおいて人々は元の価値や規範を既定のものとして受け入れ、それに自分を合わせていくようになる。

Q&A

Q

「役割距離」行動および「調整」行為とはどのようなことであり、そのもつ意義は何であるのか。「役割距離」行動や「調整」行為は人間の主体性を表しているのだろうか。

A

「役割距離」行動とは、役割期待から距離を置く行動のことであり、距離とは他者の期待からのずれを表している。「役割距離」行動は個人と役割との間に楔を打ち込むことであり、それは役割期待から離れ、役割期待と期待される行動との中間に位置するものとなっている。

「役割距離」行動はひとが他者や社会に完全に同調するのではなく、他者の役割期待に同調せず、役割期待に含まれる自己を拒否し、それを無視したり、抵抗したりすることを表している。「役割距離」行動のうちに人々が他者の期待から相対的に自由であり、自律性をもち、「本当の自分」を示そうとする気持ちが表現されている。

また、「調整」行為は人々が他者の期待から逸脱したり、違反したりした場合に、期待と行為との間を調整する言語表現である。それは役割期待と一致しない「役割距離」行動を言葉によってカバーしようとするものである。「調整」行為によって、人々は自分に対するマイナスの評価を免れ、本来の自分を確保しようとし、それを社会的に表現して自分の存在を他者に認めさせようとするものとなっている。けれども、このような「役割距離」行動、「調整」行為もいずれも消極的なものに止まっており、他者の期待や社会の規範を全体として認め、それを前提とした上で、それから距離を置くにすぎず、現在の役割期待の枠内での行為でしかない。「役割距離」行動や「調整」行為の意義は、主体性といっても消極的なカテゴリーに属するものに止まることになる。問題の解決には、他者の期待や社会の規範に働きかけ、それを修正し、再構成することが必要とされる。

ブック・ガイド

A・W・グールドナー、岡田直之ほか訳『社会学の再生を求めて』新曜社、一九七四ー七五（原著一九七〇）。

社会理論とその下部構造、また、感情構造との関係を明らかにしながら、機能主義社会学、マルクス主義、ドラマティズム、エスノメソドロジーなどについて検討を行い、そこから、新しい社会学の姿として、自己内省の社会学の必要性が説かれている。

E・ゴッフマン、佐藤　毅、折橋徹彦訳『出会い』誠信書房、一九八五（原著一九六一）。

「出会い」とは身近にいる人々の焦点の定まった相互作用を指し、「出会い」の秩序維持過程と人々の経験のあり方について、「ゲームの面白さ」と「役割距離」というテーマのもとで具体的に解明している。

船津　衛『社会的自我論』放送大学教育振興会、二〇〇八。

社会的自我論の成立と発展に触れ、クーリーの第一次集団論、自己感情論、ミードの役割取得論、コミュニケーション論、ブルーマーのシンボリック相互作用論、自分自身との相互作用論、ガーゲンの社会構成主義、ナラティブ構成主義などについて理論的検討を行っている。

第十四章　新しい自我の形成――「役割形成」

一　「役割形成」

「役割形成」（role making）とは、R・H・ターナー（Turner）によれば、既存の役割期待の枠を越えて、新たな人間行為が展開することを意味する。「役割形成」によって人々は問題的状況を乗り越え、状況を新たに構成しうるようになる。このように他者の期待に働きかけ、それを修正・変更し、再構成することが「役割形成」である［図14-1］。ターナーによると、人間は他の人間の期待を選択的に認識し、自らの観点から意味づけ、解釈している。そのことによって他者の期待の修正や変更が行われ、新しいものが生み出されてくるようになる。

人々は、役割取得過程において他者の期待に完全に同調し、規定された役割を遂行するだけの存在ではない。また、他者の期待が強制的性格を帯び、それをそのまま受け入れ、内面化するのではない。役割期待は、人々による主体的な認識や評価によって受け取られ、解釈が施され、新たな形で再構成されるようになる。ターナーが強調するところによると、

① 既存の役割期待の枠を越えて，新たな人間行為が展開する.

② 問題的状況を乗り越え，状況を変容し，新たに構成する.

③ 他者の期待を選択的に認識し，意味づけ，解釈し，修正，変更，再構成する.

④「役割変容」を生み出す.

図 14-1　役割形成

「役割形成」こそ役割取得の理想的形態であり、それを阻害するような軍隊行動や官僚制における行動は、役割取得のゆがめられた形態である。

このような「役割形成」は人々のこれまでのあり方をドラスティックに変化させる「役割変容」(role change)を生み出す。こんにち、家族、職業、ジェンダー、コミュニケーション、そしてエイジングに関して「役割変容」が活発化してきており、女性の自我、妻や母親の自我、そして、視聴者の自我、高齢者の自我などにおいて、顕著な変化が生じてきている。

二 視聴者の「役割形成」

これまで、「全能のマスコミ、無力の大衆」といわれ、視聴者である大衆は長い間、マスコミの単なる受け手として、受け身的存在として考えられてきた。少数の送り手が多数の受け手に一方通行的に情報を送り、受け手である大衆はマスコミによって踊らされる存在とされてきた。

マスコミによって人々が躍らされた出来事として、ラジオ・ドラマが引き起こした「火星からの侵入」事件があげられる［表14-1］。一九三八年一〇月三〇日に、ニューヨーク市民の多くがラジオ・ドラマ『宇宙戦争』（オーソン・ウエルズ原作）によって、火星人が本当に来襲したと信じ込み、パニック状態に陥ってしまったという（キャントリル『火

表14-1　マスコミによって人々が躍らされた出来事

①	「火星からの侵入」事件（1938年10月30日）
②	「18時間マラソン放送」（1943年9月21日）

表14-2　受け手の主体性

①	選択的視聴，補強効果
②	「コミュニケーションの2段階の流れ」
③	パーソナル・コミュニケーションの存在
④	日常生活のテキストとして利用
⑤	番組参加，番組づくり
⑥	ケータイやパソコンによる情報の発信・受信

星からの侵入』一九四〇)。また、マスコミの力の大きさを示すもうひとつの出来事に「マラソン放送」がある。一九四三年九月二一日に、ラジオ・スターのケイト・スミスが行った「一八時間マラソン放送」を聴いて、多くの人々が戦争債券の購入を申し出たという(マートン『大衆説得』一九四六)。このようなことから、マスコミは全能であり、大衆は無力であるという「マスコミ強力説」が有力となっていた。

けれども、聴取者調査の結果、マスコミは選択的に聴取され、その影響力も改変効果ではなく、補強効果どまりであることがわかった〔表14-2〕。そして、マスコミの影響は直接的ではなく間接的であり、送り手と受け手との間には「オピニオン・リーダー」が介在し、情報内容を濾過《ろか》していることが知らされた。そこにおいては、送り手から「オピニオン・リーダー」へ、「オピニオン・リーダー」から受け手へという「コミュニケーションの二段階の流れ」※(two step flow of communication)が起こっていることが明らかにされた(カッツ、ラザースフェルド『パーソナル・インフルエンス』一九五五)〔図14-2〕。

また、人々の消費行動がマスコミによってすべて決定されているのではなく、その多くは家族や友達との日常的なパーソナル・コミュニケーションによって、大きく左右されて

※コミュニケーションの二段階の流れ(two step flow of communication)

コミュニケーションが送り手から受け手に直接的ではなく、間接的に、つまり、その間に媒介者として「オピニオン・リーダー」が介在し、情報内容を濾過することが行われる。したがって、送り手から「オピニオン・リーダー」への流れと、「オピニオン・リーダー」から受け手への流れの二段階のコミュニケーションの流れがなされることになる。

いることが知らされた。さらには、人々はマスコミによって踊らされているというよりも、自分の生活に役に立つように、マスコミを利用していることが指摘された。昼間のメロ・ドラマは送り手の意図とは異なり、主婦の欲求不満の解消や代理経験、また日常生活のテキストとして利用されている。

最近では、人々が視聴者参加番組をはじめ、番組そのものに参加し、番組づくりを行っており、また、放送局と視聴者の間の双方向コミュニケーションが行われるようになっている。そして、人々はケータイやパソコンによって情報を発信し、受信する双方向コミュニケーションを一層活発化させてきている。

コミュニケーションはもはや送り手から受け手への一方通行ではなく、送り手と受け手が相互に役割を交換する共同のコミュニケーションとなっている。人々は消極的な受け手ではなく、積極的な送り手となり、さらには新たなコミュニケーションを生み出すつくり手になっている。すなわち、そこにおいて、従来のイメージを越えて新しい行為を行う「役割形成」行為が展開されてきている。

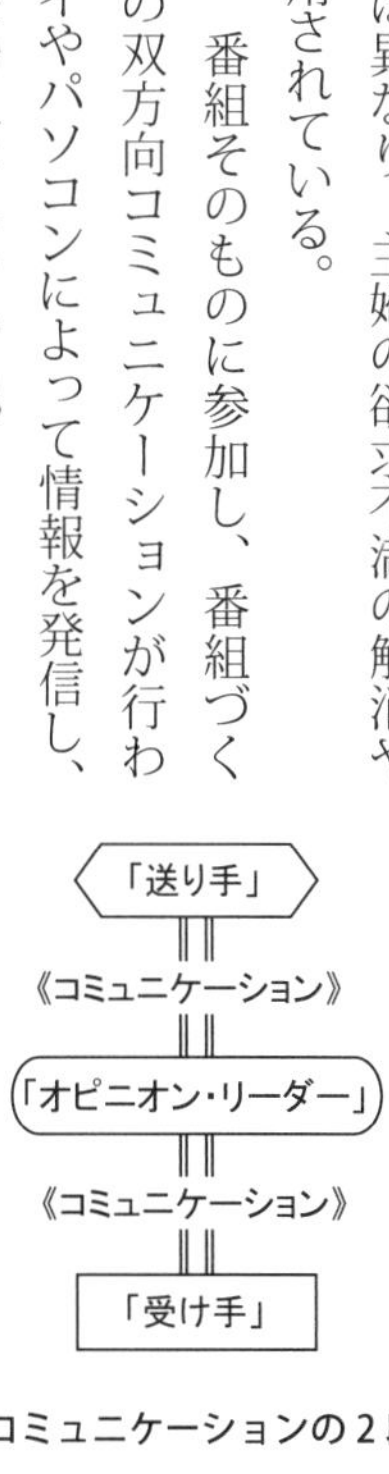

図 14-2　コミュニケーションの 2 段階の流れ

三　高齢者の「役割形成」

わが国では、二〇二〇年に四人に一人が六五歳以上の高齢者となり、高齢者問題は個人の高齢化ではなく、社会の高齢化の問題となってきている。現在の高齢者に関する支配的イメージは、健康的には病気がちであり、記憶力や集中力の低下が顕著であり、体力や知力の衰えが進んでいるというものである。そこから、高齢者は社会からの引退を余儀なくされ、役割期待も縮小化し、自我も脆弱《ぜいじゃく》なものになっている。

このように、高齢者にはマイナスのイメージが強く付与されていることから、高齢者自身においては、ネガティブな事態をいかに回避するかが主な関心事となっている。そして、身体的機能の衰退を押しとどめ、心身能力の喪失を避けるために涙ぐましい努力が払われている。「老い」を醜いものとして、それとの戦いが熱心に繰り広げられる。身のこなしやお化粧、また服装や装飾品でもって外見的な「若さ」を装い、若づくりのために高価な化粧品を使い、若返りの美容整形手術を行うなど、お金と時間をかけて、「若さ」を「印象操作」することが行われている。

けれども、いつまでも若く見えることが果たしてよいことなのだろうか。無理して、そうなることが絶対に必要なのだろうか。見せかけの「若さ」にしがみつくのではなく、あるがままの「老い」を肯定し、「老い」をそのままに受け入れるべきではないだろうか。

現在の高齢者に対するイメージは、健康偏重の身体中心主義にもとづくものである。それは身体の衰えという局所的変化を拡大解釈して、社会的、精神的にも否定的イメージをつくり上げてしまっている。現代の産業社会は生産中心の能率第一主義からなっており、そこにおいて健康信仰がはびこり、「若さ」が称《たた》えられる。したがって、高齢者は非生産的で非能率な存在として、産業社会から閉め出されてしまっている。けれども、アメリカの医療人類学者S・R・カウフマン（Kaufman）によれば、「老いとは過去の体験や構造的な要因、価値、そして、現在、自分が置かれた状況を不断に解釈していくことを通じて、たえまなく新たな自己を作り続けることにほかならない」（カウフマン『エイジレス・セルフ』一九八六）。

高齢者において新しい意味を創造し、ポジティブな自我を新たに形成することが可能である。「老い」のプロセスは単なる喪失以上のものであり、衰退というよりも変化・変容を通じて成熟がなされるものである。高齢者においては過去が再構成され、それにもとづいて現在の意味づけがなされ、新たなものを創造することができる。

こんにち、「老い」の肯定的イメージを生み出し、高齢者の積極的生き方を創出していくことが必要とされる。生産中心の価値観を転換し、能率、目的達成やモノの豊かさから、非能率、人間関係や心の豊かさを重視すべきである。そこにおいて、高齢者は身体中心主義から解放され、他の人間の助けを借りながらも自立して生きていく自我の形成が新たに求められることになる。「老い」を隠したり、衰えを認めないのではなく、老いていく過程を前向きに受け止めて生きていく必要がある。

従来、「若さ」という固定観念によって「老い」に対する強迫観念がつくられてしまっ身体的，精神的に健康である「サクセスフル・エイジング」
「老い」を前向きに考える「ポジティブ・エイジング」
依存と自立の共存によって新たなものを創造する「アクティブ・エイジング」
仕事が強制から解放され，自由な行為である「プロダクティブ・エイジング」
新しい能力の開発を行う「クリエイティブ・エイジング」

図 14-3　高齢者の「役割形成」

ている。しかし、「老い」を否認することはかえって否定的イメージを受け入れ、それを強化することにもなる。むしろ、身体や精神の機能低下を素直に受けいれ、そのこととうまくつきあっていくことが不可欠である。そして、身体的にも精神的にも健康であるという「サクセスフル・エイジング」、また、「老い」を前向きに考える「ポジティブ・エイジング」※が必要とされる［図14-3］。

高齢者において、他者との関係がすべて消滅してしまうのではなく、他者とのかかわりはなお強く、また新しい関係もつくり出されている。高齢者は他者に依存するとしても、過度の依存ではなく、依存と自立の共存によって、単なる客体から主体となり、新たなものを創出する「アクティブ・エイジング」が目指されるようになる。

また、高齢者の果たす役割を基本的に見直す必要がある。高齢者が新たに仕事につくという「プロダクティブ・エイジング」は強制的に仕事に従事することを意味せず、柔軟で自由な行為を表しており、そこにおいて高齢者は新しい能力の開発を行う「クリエイティブ・エイジング」※を追求することができる。

※サクセスフル・エイジング（successfull aging）、ポジティブ・エイジング（positive aging）
身体的に健康であるとともに、精神的にも後ろ向きではなく、前向きに生きていくこと。「老い」を隠したり、認めないのではなく、「老い」を肯定し、それを単なる喪失や衰退ではなく、変化・変容を通じて成熟がなされる過程として受け止め、それを生かしていくようになる。

アクティブ・エイジング（active aging）、プロダクティブ・エイジング（productive aging）、クリエイティブ・エイジング（creative aging）
高齢者が他者に依存しつつも、単なる客体ではなく、新たなものを創造する主体となること。社会の活動に積極的

そして、高齢者においては、時間的にも気持ちの上でも余裕ができ、人生を振り返る自己内省ができる。自己内省を通じて自らの経験や社会のあり方を問い直すことが可能となる。そして、健康・若さ・能率中心の原理からの脱却が目指されるようになる。そこでは「健康でないこと」、「若くないこと」、「能率的でないこと」が必ずしもマイナスとは考えられない。これまでのイメージとは異なる新しい可能性や方向性が示され、既存の役割期待が乗り越えられるようになる。スピードや成果・結果ではなく、スローで過程それ自体を重視する新しい役割が創出されるようになる。そして、他者とのかかわりは競争から共生の関係へと転化し、単なる依存から、依存にもとづく自立が目指されるようになる。

このように、高齢者はもはや消極的、受け身的存在ではなく、積極的、主体的人間となる。高齢者に対して新たな役割期待が生み出され、「役割形成」行為が展開される。高齢者においても自我は常に変化・変容し、新しい自我の発見がなされるようになる。

に参加し、新しい関係形成も行う。新しくつく仕事は強制的ではなく、自由なものであり、新しい能力が開発され、創造的「老い」が追求されるようになる。

Q&A

Q 「役割形成」とはどのようなことを表しているのか。また、その機能はいかなることであるのだろうか。

A 「役割形成」とは、既存の役割期待の枠を越えて新たな人間行為が展開することを意味する。「役割形成」によって問題的状況を乗り越え、状況を新たに構成しうるようになる。したがって、「役割形成」は人々のこれまでのあり方をドラスティックに変化させる「役割変容」を生み出す。

これまで、大衆はマスコミによって踊らされる存在とされてきた。しかし、実際は、マスコミの影響力も補強効果どまりであり、その影響も間接的である。送り手と受け手との間には「オピニオン・リーダー」が介在し、情報内容を濾過しており、また、人々は自分の生活に役に立つようにマスコミを利用している。

最近では、人々が視聴者参加番組をはじめ、番組そのものに参加し、番組づくりを行っており、また、放送局と視聴者の間の双方向コミュニケーションが行われており、また、ケータイやパソコンによって双方向コミュニケーションを一層活発化させてきている。人々は消極的な受け手ではなく、積極的な送り手となり、新たなコミュニケーションを展開するつくり手になっている。

他方、現在の高齢者に関する支配的イメージは健康的には病気がちであり、記憶力や集中力の低下が顕著であり、体力や知力の衰えが進んでいるというものである。そこから高齢者は社会からの引退を余儀なくされ、役割期待も縮小化し、自我も脆弱なものになっている。

けれども、「老い」のプロセスは単なる喪失以上のものであり、衰退というよりも変化・変容を通じて成熟がなされるものである。高齢者は身体中心主義から解放され、他の人間の助けを借りながらも自立して生きていく自我の形成が新たに求められる。そして、身体的、精神的に健康であるという「サクセスフル・エイジング」、「老い」を前向きに考える「ポジティブ・エイジング」、依存と自立の共存によって、単なる客体から主体となり、新たなものを創出する「アクティブ・エイジング」が目指されるようになる。

そして、高齢者が仕事につく「プロダクティブ・エイジング」は柔軟で自由な行為を表し、そこにおいて新しい能力の開発を行う「クリエイティブ・エイジング」を追求できるようになる。そこでは「健康でないこと」、「若くないこと」、「能率的でないこと」が必ずしもマイナスとは考えられない、これまでのイメージとは異なる新しい可能性や方向性が示され、既存の役割期待が乗り越えられる必要がある。

ブック・ガイド

前田信彦『アクティブ・エイジングの社会学』ミネルヴァ書房、二〇〇六。

わが国における高齢者の生活、働き方、意識、社会的ネットワークの実態を具体的に明らかにし、「アクティブ・エイジング」に関して、これからの雇用・労働政策、家族・コミュニティ政策の方向を示している。

E・カッツ、P・F・ラザースフェルド、竹内郁郎訳『パーソナル・インフルエンス』培風館、一九六五（原著一九五五）。

マス・コミュニケーションの影響過程と対人コミュニケーションの役割についての理論的研究と、マスメディアと受け手とを媒介する「オピニオン・リーダー」や「コミュニケーションの二段階の流れ」仮説に関する調査研究が行われている。

J・T・クラッパー、NHK放送学研究室訳『マス・コミュニケーションの効果』日本放送出版協会、一九六六（原著一九六〇）。

マス・コミュニケーションの効果として、マスコミは媒介的要因と影響力の連鎖の中で機能すること、マスコミは改変ではなく補強の効果をもつこと、マスコミが変化を生み出すのは媒介的要因が無効か、メディアが直接的に作用する場合であることなどが述べられている。

辻　正二、船津　衛編『エイジングの社会心理学』北樹出版、二〇〇三。

これまでの高齢者に対するマイナスのイメージではなく、プラスのイメージを生み出すために、高齢者の自我、社会化、人間関係、社会参加、生活意識、福祉意識などについて検討し、高齢化に対する新しい見方を呈示している。

第十五章　物語る自我──自我の構成

一　社会構成主義、ナラティヴ構成主義

人間の自我は孤立したものではなく、他の人間とのかかわりおいて社会的に形成される。他者の態度や期待を自分に結びつけることを通じて、自我のあり方が具体的に形づくられている。そして、自我の社会的形成はとりわけ言語によって行われている。また、「ジェンダー」※(gender)は生物学的性別とは異なり、社会的、文化的に形成された性別あるいは性差を表し、それは言語によって社会的に構成されている。「ジェンダー」は人々の内部ではなく、人々の間、とりわけ他の人々との言語的やりとりの中に見出されるものである[図15-1]。

このように、自我や「ジェンダー」が、言語によって社会的に形成されることを強調し、言語による自我の構成を問題とするのが社会構成主義(social constructionism)である。社会構成主義においては、リアリティが社会的に

ジェンダー＝ 生物学的性別とは異なる，
社会的，文化的に形成された性別あるいは性差

図 15-1　ジェンダー

※ジェンダー(gender)
生物学的性別とは異なり、社会的、文化的に形成された性別あるいは性差を指している。母性本能は女性の本質であるとするように、男女にあらかじめ決められた性質があるとするのではなく、それらは人々の社会的関係においてつくり出されたものと考える。

構成され、とりわけ言語によって構成されると主張されている。そして、人間の自我は言語によって社会的に構成されると考えられている。

この社会構成主義は、人間にはあらかじめ決められた性質があるとする本質主義を批判することから生み出されている。女性は、本来、弱い存在であるとか、また嫉妬深い動物であるとか、あるいは母性本能は女性の本質であると本質主義は主張する。これに対して、社会構成主義では、それらは社会的につくられたものであることを強調する。

この社会構成主義をベースとしてナラティヴ・セラピーが行われている。ナラティヴ・セラピーとは家族療法のひとつであり、セラピーの場面においてクライエント自身の口からナラティヴを語らせることによってセラピーがなされるものである［表15-1］。

これまでは、セラピスト中心のセラピスト優位の上からのセラピーであり、しかも、あらかじめ用意された枠組みでもって行うものであった。そこではセラピストとクライエントの間に距離があり、セラピストによる一方通行的なやり方がなされていた。これに対して、ナラティヴ・セラピーはクライエント中心であり、クライエント自身によるナラティヴを通じてセラピーを行うものである。それは、クライエント自身によるナラティヴの構成という意味で、ナラティヴ構成主義セラピーとも呼ばれている。

表15-1　伝統的セラピーとナラティヴ・セラピー

伝統的セラピー
① セラピスト中心のセラピスト優位の上からのセラピー
② あらかじめ用意された枠組みで行うセラピー
③ セラピストとクライエントの間に距離
④ セラピストによる一方通行的なやり方

ナラティヴ・セラピー
① クライエント中心のクライエント自身によるセラピー
② クライエント自身のナラティヴによるセラピー
③ セラピストとクライエントの関係は対等
④ セラピストとクライエントの共同実践

ナラティヴ・セラピーにおいては、セラピストとクライエントの関係は対等であり、クライエント自身が語るナラティヴが重視されている。そして、クライエントによるナラティヴの変容によってクライエントの自我が変わることが目的となっている。ナラティヴの形成と変容によって、自我の形成と変容がなされると考えるのがナラティヴ構成主義である。

二　ドミナント・ナラティブからオルタナティブ・ナラティヴへ

アメリカの社会心理学者のK・J・ガーゲン[※]（Gergen）によると、ナラティヴは人間の内省を通じてつくり出され、そこにおいて人々の意味づけや解釈がなされている。そして、ナラティヴは他者への語りとして、他者との関連を強く有している。ナラティヴという言葉には「物語」と「語り」という二つの意味が含まれており、前者は、語られる事柄の具体的内容を表し、後者は、他者に対して「語る」という行為を指している。ナラティヴは「語る」行為として他者との相互作用による集合的な行為となっている［図15-2］。

ナラティヴにおいては時間的、歴史的要素が存在しており、過去、現在、未来がつなげられ、それらが再構成されている。ナラティヴには筋書き（プロット）が存在し、さまざまな出来事がつなぎ合わされ、一定の結論に向か

※ガーゲン
(Kenneth J. Gergen)

（一九三四ー）

アメリカの社会心理学者。スワースモア大学心理学部教授。実証主義的方法を批判し、人間の内部の主観的世界を解明すべきであると主張している。そして、言葉を使っての自己表現が「自分とは誰か」を知る際の手助けとなるとして、ナラティヴによる自我の構成について論じている。

《ナラティヴ》	1)「物語」ー語られる事柄の具体的内容
	2)「語り」ー他者に対して語るという行為

図15-2　ナラティヴ

うものとなっている。人々のナラティヴは、一般に、ドミナント・ナラティヴ（dominant narrative）に従って語られる。ドミナント・ナラティヴとは人生の下敷きとなり、人々の人生を制約する物語である。それは他者への「語り」を導き、方向づけるとともに、ナラティヴの解釈を枠づけるものとなっている［図15-3］。

女性の生き方に関する現在のドミナント・ナラティヴとして、「シンデレラ物語」※が存在している。女性はよき男性に出会い、家を買い、子どもを生み、家事・育児を行い、家庭を守り、末永く幸せに暮らすというナラティヴである。また、高齢者に関する現在のドミナント・ナラティヴは、身体的な衰えと病弱によって仕事を十分に行えないから、仕事から引退し、社会的には孤立化し、精神的にも固定化してしまうというものである。このようなドミナント・ナラティヴは、人々において自分が「何であり、何であるべきか」についての観念を提供するものとなっている。

（（人生の下敷きとなり，人々の人生を制約する物語））

⬇

他者への「語り」を導き，方向づけ，ナラティヴの解釈を枠づける

図 15-3　ドミナント・ナラティヴ

しかし、自分の経験がドミナント・ナラティヴにうまく適合しなかったり、対立したりする場合は、自我の形成がうまくなされず、ときに自我にゆがみが生じてしまうことにもなる。そのことによって、自分の能力に対して疑いや不安を起こすようになり、強い罪悪感をもち、悪いのは自分であると思い込み、自分を責めるようになる。その結果、病や苦

※シンデレラ物語（Cinderella narrative）
女性は男性と結婚し、子どもを産み、家事・育児に専念し、家庭を守り、幸福な生活を送るという物語である。多くの場合は、素敵な王子様がやってきて、幸せにしてくれることを夢見る女性の生き方やあり方を指している。

しみが生じることにもなる。そこで、ナラティヴそれ自体が修正され、再構成され、オルタナティブ・ナラティヴ（alternative narrative）が生み出される必要が生じる。オルタナティブ・ナラティヴはもうひとつのナラティヴであり、「いまだ語られていない物語」である〔図15-4〕。

ひとは、ドミナント・ナラティヴではうまく語れない経験を、オルタナティブ・ナラティヴによって語ることができるようになる。オルタナティブ・ナラティヴは、自分の言葉で語る新しい物語であり、新しい物語を語ることによって自我が変わりうるようになる。オルタナティブ・ナラティヴが自我に変化をもたらすのは、自分の経験がそれまでとは異なるコンテキストに位置づけられるからである。そのことによってドミナント・ナラティヴからは出てこなかったユニークな経験が見出され、その方向に沿って新しい意味が付与されるようになる。

((いまだ語られていない，自分の言葉で語る物語))
↓
新しい物語を語ることによって自我が変容する

図 15-4　オルタナティブ・ナラティヴ

オルタナティブ・ナラティヴは、ひとが問題に振り回されて途方に暮れることから、「問題の罠《わな》を見破り、それと戦う物語」となり、それを通じて「問題に振り回されるだけの情けない自分から、問題と正面から戦う勇気有る自分」を生み出すようになる（野口祐二『物語としてのケア』二〇〇二）。女性の社会的進出はドミナント・ナラティヴである「シンデレラ物語」では自分をうまく語れなくなり、それに代わるナラティヴが必要となる。高齢者は他者への依存と自己の自立の共存によって単なる客体から主体となり、新たなものを創出することが可能とされるようになる。

三 自我の主体的構成

社会構成主義やナラティヴ構成主義は、言語あるいはナラティヴのあり方に着目し、言語やナラティヴによる自我の形成を明らかにしようとしている。それは自我の孤立的イメージを脱し、自我の社会性を具体的に解明しようとするものとなっている。しかし、他方、社会構成主義やナラティヴ構成主義においては、言語やナラティヴのみによる自我の形成が問題とされ、言語やナラティヴの一人歩きを許してしまう言語中心主義、ナラティヴ中心主義となってしまっている。

そこにおいては、言語やナラティヴの変容が、どのようになされるのかが十分明らかにされていない。言語やナラティヴを変えれば自我が変わるといっても、どういう形で変容がなされるのか、その変容過程について詳しい解明がなされているとはいえない。しかも、社会構成主義やナラティヴ構成主義は人間を受け身的にとらえている。たとえば、セラピーにおいて、言語を変え、ナラティヴを語り直すのは必ずしも本人ではなく、セラピストが語り直させるのであって、本人は単なる客体となってしまっている。つまり、言語またはナラティヴとして語られる客体である自我に比べて、語る主体の解釈や内省が正面から問題とされていない。人間自身による自我の主体的構成のあり方について必ずしも十分な解明がなされてないといえる。

社会構成主義やナラティヴ構成主義では、言語やナラティヴだけが問題となっており、言語やナラティヴのベースとなっている意味の世界が無視され、人間の内的な過程が見過ごされてしまっている。たしかに、内的世界は人間の言語使用に依存し、言語を通じて外部に表現されるが、しかし、それは言語に還元されてしまうものではない。言語の外的理解だけでは、人間の内的世界や解釈過程の解明がなされることがない。そこにおいては、主観的要素が低く評価され、意味、意識、解釈が追放され、内的なものの解明がおろそかにされてしまっている。けれども、自我の形成には人間の内的世界の働きが大きな力をもっている。人間の内的世界には意味、意識、解釈が含まれており、内的世界はこれまで存在しない新たなものを生み出すことができる。人間の自己内省によって新たな自我が生み出され、新しい行為が展開されうるようになる。内省を通じて新しいナラティヴが構成されるようになる。そこに、自我の主体的構成がなされることになる。したがって、自我の社会的構成を明らかにするだけではなく、自我の新たな構成過程をも問題とすべきである。そうしない場合、受け身的人間と固定した社会のイメージが形づくられてしまう。

社会構成主義、ナラティヴ構成主義において積極的、主体的人間の自我のあり方を明らかにすることが必要とされる。そして、このような自我の主体的構成は他者の変容を行わせるようになる。自我変容は他者変容でもある。他者に働きかけ、他者をつくり変える人間は、社会によってつくり上げられるだけではなく、社会をつくり上げる存在となる。ここにおいて、社会が人間を形成するだけではなく、人間が社会を形成することを具体的に明らかにする自我の主体的構成理論を展開する必要が生じる。

Q&A

Q

社会構成主義やナラティヴ構成主義は自我の形成をどのように明らかにしているのか。ナラティヴ・セラピーの特質と意義は何であるのか。社会構成主義やナラティヴ構成主義の問題点と課題はどのようなことであるのだろうか。

A

社会構成主義やナラティヴ構成主義は、言語やナラティヴによる自我の形成を明らかにしている。社会構成主義は自我が言語によって構成されると主張し、ナラティヴ構成主義はナラティヴの変容が自我の変容をもたらすと考えている。社会構成主義をベースとするナラティヴ・セラピーはクライエント中心のクライエント自身によるナラティヴを通じてセラピーを行うものである。

人々のナラティヴは人生の下敷きとなり、人々の人生を制約する物語であるドミナント・ナラティヴに従って語られる。しかし、自分の経験がドミナント・ナラティヴにうまく適合しなかったり、対立したりする場合は、自我の形成がうまくなされず、ときに自我にゆがみが生じてしまうことにもなる。そこで、ナラティヴが修正され、再構成され、オルタナティブ・ナラティヴが生みだされ、ドミナント・ナラティヴではうまく語れない経験を語ることができるようになる。オルタナティブ・ナラティヴは自分の言葉で語る新しい物語であり、新しい物語を語ることによって自我が変わりうるようになる。

他方、社会構成主義やナラティヴ構成主義においては、言語やナラティヴのみによる自我の形成が問題とされ、言語やナラティヴの一人歩きを許してしまう言語中心主義、ナラティヴ中心主義となっている。そこにおいては、言語やナラティヴの変容がどのようになされるのかが十分明らかにされていない。そして、語る主体の解釈や内省が正面から問題とされておらず、人間自身による自我の主体的構成のあり方について必ずしも十分な解明がなされていない。

人間の内的世界には意味、意識、解釈が含まれており、内的世界はこれまで存在しない新たなものを生み出すことができる。社会構成主義やナラティヴ構成主義では、人間の内的な過程が見過ごされてしまっている。社会構成主義、ナラティヴ構成主義において、自我の社会的構成を明らかにするだけではなく、自我の新たな構成過程をも問題とすべきであり、積極的、主体的人間の自我のあり方を解明する必要がある。

ブック・ガイド

K・J・ガーゲン、永田素彦、深尾　誠訳『社会構成主義の理論と実践』ナカニシヤ出版、二〇〇四（原著一九九四）。

経験主義と合理主義の対立を越え、既存科学の脱構築を目指し、社会構成主義にもとづく社会心理学や精神病理学のこれからの方向と事例の紹介がなされ、自己概念から関係性概念に移行すべきことが主張されている。

K・J・ガーゲン、東村知子訳『あなたへの社会構成主義』ナカニシヤ出版、二〇〇四（原著一九九九）。

心、自我、言語、事実、真理、価値について、伝統的人間観を問い直し、「個人主義的自我」から「関係主義的自我」への転換を目指し、関係性の観点から新たな対話の可能性を示す社会構成主義の入門書となっている。

S・マクナミー、K・J・ガーゲン、野口裕二、野村直樹訳『ナラティヴ・セラピー』金剛出版、一九九七（原著一九九二）。

社会構成主義の立場から、これまでのセラピーのあり方を批判・検討しながら、これからのセラピーのあるべき姿や理論と方法について、「無知」の姿勢、内省、危機などの問題が検討されている。

第十六章　創発的に内省する自我
――「自我の社会学」の展開

一　自我の社会性と人間の主体性

クーリーによれば、人間の自我は「鏡に映った自我」として、他者とのかかわりにおいて社会的に形成される。人間は鏡としての他者を通じて初めて自分の自我を知るようになる。自我は孤立的ではなく社会的であることを理解することによって、デカルトの「ワレ思う、故にワレあり」の言葉に代表される「近代的自我」論を克服することができる。しかし、また、自我の社会性が過度に強調されると、そこで社会の期待に外から拘束され、受け身的に自己の行為を形成する人間である「ホモ・ソシオロジクス」(ダーレンドルフ)の人間像が生み出されてしまうようになる。けれども、人間は社会的存在ではあるが、完全に社会化されてしまった存在ではなく、個性的、独自的、主体的存在である。「印象操作」、「役割距離」、「役割形成」などの行為が人間の積極的、主体的な行為として行われている。

一方において、人間の主体性を強調すると他者が無視され、孤立した「近代的自我」が描かれるようになる。他方において、自我の社会性を強調すると個性や独自性をもたない「ホモ・ソシオロジクス」が生み出されてしまうことになる。自我の社会性と人間の主体性ははたして両立可能なのだろうか。

この問題に対してG・H・ミード（Mead）が一定の解決策を示している。かれは人間の自我が、他者の期待を取得する「役割取得」（role taking）によって形成されるとする自我形成論を展開した。そして、他者を身近な人間から地域社会や国民社会、そして国際社会における人間にまで広げ、また、現在の他者のみならず、過去の他者や未来の他者に拡大している。そこから、複数の他者の多様な期待をまとめ上げ、組織化し、一般化した「一般化された他者」の期待が形成され、その取得によって自我が社会的に形成されると考えた。

しかしまた、ミードにおいて社会的なものの強調が強いので、自我は社会によって決定されるとする社会決定論者であるともされてきた。けれども、ミード自身は自我が他者とのかかわりにおいて社会的に形成されるとともに、自我が他者や社会に対して働きかけていくことを十分認識していた。かれは人間がただ単に社会によって決定される存在ではなく、社会をつくり上げる存在であると考えていた。そのことを表すのが自我の二側面に関するミードの見解である。

二　「主我」と「客我」

ミードによると、人間の自我には「主我」（I）と「客我」（me）の二つの側面があり、自我は「主我」と「客我」とのかかわりから成り立っている〔図16-1〕。「客我」は他者の期待をそのまま受け入れた自我の側面であり、「主我」はその「客我」に対する反応である。したがって、「客我」は自我の社会性を示し、「主我」は人間の主体性を指すことになる。そして、「主我」は自我の積極的側面を表し、人間の個性や独自性、また創造性を示し、新しさを創発するものとされる。

ミードによれば、「主我」は人間の経験のうちで最も魅力的な部分であり、何か新しいものが生み出されるのは「主我」によってである。そこに人間のいちばん重要な価値が置かれ、人間を他の動物と区別させるのは「主我」による自我の形成である。

「客我」は他者の期待を受け入れることによって形づくられる自我の側面である。それは空間的に拡大されるとともに、時間的にも拡大される。時間的、空間的に広げられた他者の期待を取り入れることによって、自我の社会性が拡大していくことになる。しかしまた、他者の範囲が拡大された場合、そこに含まれる人々の期待は必ずしも一致しない。そこで複数の期待がまとめられ、組織化され、一般化されて、「一般化された他者」の期待

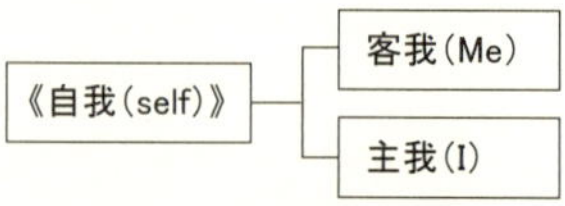

図 16-1　自我の 2 側面

表 16-1 「主我」

①「客我」に対する反応
② 自我の積極的側面
③ 人間の個性，独自性，創造性を示し，新しさを創発する．
④ 人間の経験のうちで最も魅力的な部分
⑤ 魂のような形而上学的なものや時間を超越した先験的なものではない．
⑥ 不確かなものであり，偶然的，突発的に生じ，完全には予測できない．
⑦ 直接的にとらえることができず，姿を現わしたあとで初めて知りうる．
⑧「客我」の一部として現われ，「客我」を通じて間接的に知られる．

が形づくられる。それとのかかわりにおいて自我が形成され、そこに「客我」が形づくられるようになる。

他方、「主我」は、ミードによれば、魂のような形而上学的なものではなく、また、時間を超越した先験的なものでもない。けれども、それは多かれ少なかれ不確かなものであり、偶然的、突発的に生じ、完全には予測できないものである。「主我」は人間の経験において直接的にとらえることができないのであり、それが姿を現したあとで初めて知りうるものである。つまり、「主我」は「客我」の一部として現われ、「客我」を通じて間接的に知られるものとなっている［表16-1］。

このような「主我」は具体的に一体何を表すのか、必ずしも明確ではなく、かなりあいまいである。ここから、その後の研究者の間においてさまざまな「主我」解釈がなされ、少なからず混乱が生じている。たとえば、「主我」は人間の本能あるいは衝動を表すとされたり、また、「客我」以外の残りすべてを指すと考えられたり、あるいは、「主我」は行動的反応であると規定されてきている［表16-2］。

表 16-2 「主我」解釈

①	「主我」＝本能・衝動
②	「主我」＝「客我」以外の残余
③	「主我」＝行動的反応
④	「主我」＝創発的内省

「主我」=本能・衝動説は、「客我」が社会的束縛の機能を果たすものであるから、「主我」は本能や衝動であると考える。たしかに、ミードも「フロイトの表現を用いれば、『客我』はある意味では検閲官である」と述べている(ミード『精神・自我・社会』一九三四)。したがって、「主我」は「客我」の束縛から解放された衝動やイド(本能的エネルギー)として考えられる余地がある。しかし、「主我」イコール本能・衝動、そしてイコール主体性とすると、大人より赤ん坊、人間より動物の方が主体的であることになってしまう。けれども、人間の主体性はこのような本能や衝動の支配から解放されたところに存しており、何よりも、本能・衝動説は自我の社会性という前提から外れてしまっている。

また、「主我」=「客我」以外の残余説は、「主我」を「客我」以外のもの、つまり、人々の個性、個人差、特殊性、プライバシー、主観、逸脱、異常、主体性を表すものとされている。しかし、このように種々雑多なものが入り込むと、「主我」独自の論理が見失われる。とりわけ、ミードの強調する人間の主体性が消え去ってしまうことにもなる。他方、「主我」=行動的反応説においては「客我」は生理学的な準備状態である態度を表し、「主我」はその態度から生じる行動的反応であるとされている。つまり、生理学的態度が「客我」であり、行動的反応が「主我」ということになる。けれども、「主我」が単なる行動的反応であるならば、人間の主体性、積極性はどうなるのかという疑問が直ちに生じるようになる。

このようなことから、「主我」は人間の創発的内省（emergent reflexivity）を表すものと考える必要がある。創発とは新しいものが生み出されることを意味し、内省とは人間が自分の内側を振り返ることを指している。したがって、創発的内省とは、他の人間の目を通じて客観的に自分の内側を振り返ることによって、そこに新たなものが創発されてくることを表すことになる。このような創発的内省の展開によって、他者の期待の修正・変更・再構成が行われ、そこに新しい自我が形成されてくるようになる。そして、自分が新しく生まれ変わると同時に、その行為を通じて他者も変わりうるようになる。

三　創発的に内省する自我

「主我」は創発的内省を表し、それが自分や他者を変えるようになる。こう考えることは、しかし、デカルト的自我論に近づき、自我の社会性を否定することに必ずしもつながらない。創発的内省は、他の人間の期待とのかかわりにおいて自分を振り返ることであり、他者とのコミュニケーションを通じて社会的に生まれてくるものだからである。つまり、他者とのコミュニケーションにおいて創発性内省が社会的に生み出されてくる。そして、創発的内省は人間において他者とのコミュニケーションと同時に自己とのコミュニケーションが行われることから可能となる。

人間のコミュニケーションは、他者との外的なコミュニケーションと自分自身との内的なコミュニケーションの二重コミュニケーションからなっている。この二つのコミュニケーションが同時に行われることが人間のコミュニケーションの特質となっている。内的コミュニケーションは外的コミュニケーションの内在化によって生まれる。しかし、それとは相対的に独立な内容をもっている。つまり、内的コミュニケーションにおいては、他者の期待の修正や再構成が行われ、自己と他者との関係が再構成され、新たな行為の可能性が生み出されるようになる。このことは人間のコミュニケーションが「※意味のあるシンボル」(significant symbol)によって媒介されることから可能とされる。「意味のあるシンボル」とは他者にも自己にも同一の反応を引き起こす言葉やジェスチュアを指している〔図16-2〕。

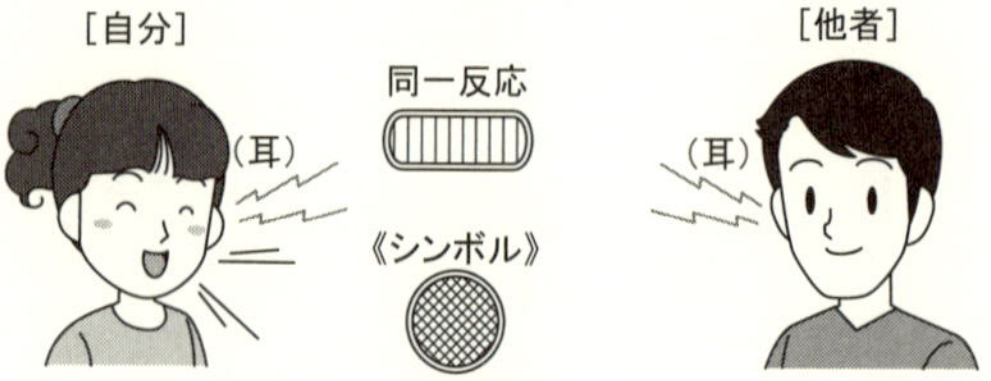

図16-2 「意味のあるシンボル」

「意味のあるシンボル」の典型である音声は、音声を発することによって他者に反応を引き起こさせるとともに、音声を発した本人のうちにも同一の反応を引き起こすことができる。音声が他者と自己との両方の耳に入っていくことによって、自分の音声が、相手に対してどのような反応を引き起こすのかを考えうるようになる。つまり、他者のうちに引

※意味のあるシンボル(significant symbol)
人間固有のシンボルであり、言葉や身振りなどのシンボルのうち、音声のように、他者に引き起こすと同一の反応を自己の内に引き起こすものを指している。「意味のあるシンボル」によって自己の対象化がされ、自己の内に内的コミュニケーションが展開するようになる。

※ブルーマー(Herbert G. Blumer)(一九〇〇ー八七)
アメリカの社会学者。カリフォルニア大学バークレイ校教授。現代の社会学の主要潮流のひとつであるシンボリック相互作用論の命名者であり、そのリーダー的存在である。集合行動、世論、映画などに関する多くの研究を行っている。著書に『シンボリック相

き起こすのと同一の反応を、自己のうちに引き起こすことになる。同一の反応とは外的な同一行動ではなく、内的な反応の同一性を意味する。そこにおいて意味が互いに理解され、意味の共有が生まれ、共有意味世界が生み出されるようになる。自我の社会性は、この意味の共有が必要条件となっている。けれども、この自我の社会性はすべてが同質化することを意味しない。そこでは差異や独自性が認められ、人間の創造性や主体性が考えられるものとなっている。つまり、人間のコミュニケーションにおいては他者の期待が解釈され、修正・変更・再構成され、新たなものが生み出されてくるようになる。

ミードが強調するところによると、コミュニケーションが重要であるのは、それが人間をして自分自身を対象とさせるからである。人間は他の人間とのコミュニケーションによって、自己の対象化がなされる。そして、自己を対象化することは、事物や他者を対象にするのと同じように、自分自身を対象とすること、つまり、自己を内省化することになる。自己の内省化は他の人間の観点から自己を省みて、自分のあり方を検討することである。そこに内的世界が開かれ、内的コミュニケーションが展開されるようになる。

ミードの後継者であり、アメリカの社会学者であるH・G・ブルーマー※（Blumer）がこのことについて人間の自己対象化、そして自分自身との相互作用※（self interaction）として明らかにしている。自己対象化とは「自分自身を認識でき、自分自身の観念をもち、自分自身とコミュニケーションを行うことができ、自分自身にむかって行為できること」（ブ

互作用論』（一九六九）、『社会変動の動因としての産業化』（一九九〇）などがある。

※自分自身との相互作用（self interaction）
人間の内部におけるコミュニケーションを指し、他者との社会的相互作用を内在化したものである。「自分自身との相互作用」において新たなものが生み出されてくるようになる。そこにおいて他者の期待が具体的に表示され、それが自己の置かれた立場や行為の方向に照らして解釈される。そのことを通じて他者の期待が修正、変更、再構成されるようになる。

ルーマー『シンボリック相互作用論』一九六九）である。そして、自分自身との相互作用とは、内的な相互作用が行われることであり、対象を自分に表示することと、表示されたものを取り扱う解釈をすることがなされている［図16-3］。

ブルーマーは「刺激→反応」説を批判しつつ、人間は刺激そのものではなくて、刺激に対する意味にもとづいて行為するものであり、そこに意味の解釈が行われていると主張する。他者に直接的に反応する動物の相互作用とは異なり、人間においては、言葉を中心とするシンボルを媒介とするシンボリックな相互作用（symbolic interaction）がなされている。そこにおいて行為の意味の解釈がなされ、既存のものの修正・変更・再構成が行われ、新たなものが生み出されるようになる。

人間においては、他者との社会的な相互作用とともに、自分自身との相互作用がなされ、そこにおいて対象の表示と解釈が行われる。解釈とは、自分が置かれた状況や行為の方向に照らして意味を選択し、チェックし、留保し、再分類し、変容することである。したがって、それは既存の意味の単なる自動的適用ではなく、「意味が行為のガイダンスや形成の道具として用いられ、改変されるような構成的過程（formative process）」となる（ブルーマー『シンボリック相互作用論』一九六九）。

このように人間の自分自身との相互作用、つまり内的コミュニケーションにおいては、内省による新たなものの創発という創発的内省がなされている。創発的内省は他者とのコ

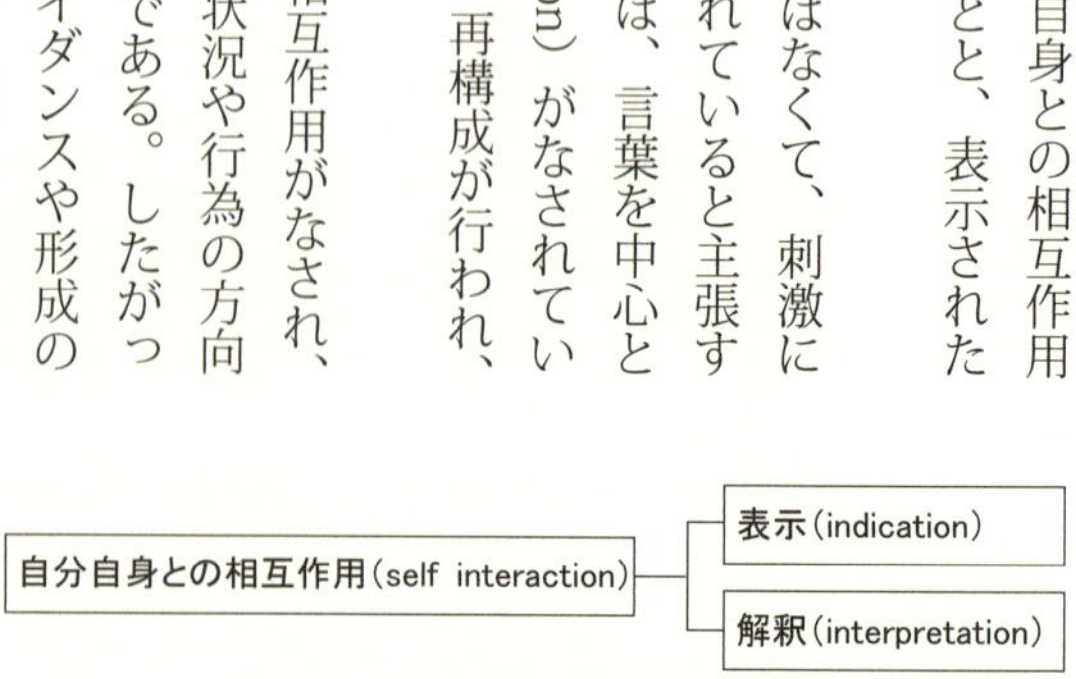

図 16-3　自分自身との相互作用

ミュニケーションを通じて生み出され、社会的なものとなっている。このような人間の内的、外的の二重コミュニケーションのあり方と「客我」と「主我」の二側面なる自我のあり方を具体的に明らかにし、新たな自我論を展開することが、これからの「自我の社会学」の研究課題となる。

Q&A

Q

人間の主体性を強調すると「近代的自我」が描かれるようになり、自我の社会性を強調すると「ホモ・ソシオロジクス」が生じてしまうようになる。この問題に対して、ミードはどのような解決策を示したのか。また、「主我」とはどのようなものであり、創発的内省はどのようなことを意味するのであるのか。

A

人間の主体性を強調すると「近代的自我」が描かれ、自我の社会性を強調すると「ホモ・ソシオロジクス」が生じる問題に対して、ミードは人間の自我を「主我」と「客我」の二つの側面に分け、自我が「主我」と「客我」とのかかわりから成り立っているとした。「客我」は自我の社会性を示し、他者の期待を受け入れることによって形づくられる自我の側面であり、「主我」は人間の主体性を指し、自我の積極的側面を表し、人間の個性や独自性、また創造性を示し、新しさを創発するものとした。けれども、「主我」が具体的に何を表すのか、必ずしも明確ではない。「主我」は人間の本能あるいは衝動を表すとされたり、また、「客我」以外の残りすべてを指すと考えられたり、あるいは、行動的反応であると規定されてきた。

本能・衝動説は、しかし、大人より赤ん坊、人間より動物の方が主体的であることになってしまう。残余説は種々雑多なものが入り込み、「主我」独自の論理が見失われ、とりわけ、人間の主体性が消え去ってしまう。行動的反応説は人間の主体性、積極性はどうなるのかという疑問が生じる。このようなことから、「主我」は人間の創発的内省を表すものと考えることができる。創発とは新しいものが生み出されることを意味し、内省は人間が自分の内側を振り返ることを指している。

創発的内省とは、他の人間の目を通じて客観的に自分の内側を振り返ることによって、そこに新たなものが創発されてくることを表す。創発的内省の展開によって他者の期待の修正・変更・再構成が行われ、そこに新しい自我が形成されてくるようになる。そして、自分が新しく生まれ変わると同時に、その行為を通じて他者も変わりうるようになる。

創発的内省は、他者とのコミュニケーションを通じて社会的に生まれてくる。「意味のあるシンボル」の使用によって、他者とのコミュニケーションにおいては同時に自己とのコミュニケーションが行われるようになる。内的コミュニケーションにおいて他者の期待の修正や再構成が行われ、自己と他者との関係が再構成され、新たな行為の可能性が生み出されることになる。

船津　衛編『G・H・ミードの世界』恒星社厚生閣、一九九七。

ミードの思想、哲学、社会学、心理学、また、教育論、科学論、行為論、自我論、時間論について詳細な検討がなされ、ミード理論の全体像を明らかにするとともに、新しいミード像を積極的に提示することが試みられている。

船津　衛『シンボリック相互作用論』恒星社厚生閣（オンデマンド）、二〇〇九。

現代の社会学・社会心理学の主要潮流のひとつであるシンボリック相互作用論の発展、ブルーマー、シブタニ、ターナー、ダンカンらの理論、シンボリック相互作用論の方法論、ミードやミルズとの関係、役割理論、準拠集団理論について検討し、シンボリック相互作用論の意義と課題について論じている。

船津　衛、宝月　誠編『シンボリック相互作用論の世界』恒星社厚生閣、一九九五。

わが国におけるシンボリック相互作用論の最初の論文集である。シンボリック相互作用論の特質、ルーツ、リアリティ、展開、意味・シンボル・相互作用、言語、組織、集合行動、社会運動などの研究動向、問題点、課題などについて論じられている。

H・ブルーマー、後藤将之訳『シンボリック相互作用論』勁草書房、一九九一（原著一九六九）。

シンボリック相互作用論のバイブルともいうべき書物である。シンボリック相互作用論の方法論を中心に、ミード思想の社会学的意味合い、態度、社会的行為、概念の役割、マスメディアの効果研究、世論と世論調査について詳しい検討がなされている。

索　引　配列は五十音順、※は人名を示す。

●あ行

●か行

●さ行

●た行

●な行

●は行

●ま行

●や行

●ら行

●わ行

船津　衛（ふなつ　まもる）

元東京大学大学院人文社会系研究科教授，博士（社会学）

1940 年　東京都生まれ

1962 年　東北大学文学部（社会学専攻）卒業

1967 年　東北大学大学院文学研究科博士課程（社会学専攻）単位取得退学

主な著書

『自我の社会理論』恒星社厚生閣，1983

『ミード自我論の研究』恒星社厚生閣，1989

『地域情報と地域メディア』恒星社厚生閣，1994

『アメリカ社会学の展開』恒星社厚生閣，1999

『ジョージ・H・ミード』東信堂，2000

『コミュニケーションと社会心理』北樹出版，2006

『社会的自我論』放送大学教育振興会，2008

『シンボリック相互作用論』(オンデマンド) 恒星社厚生閣，2009

『コミュニケーション・入門』(改訂版）有斐閣，2010

『社会的自我論の現代的展開』東信堂，2012

『21 世紀社会とは何か』（共編著）恒星社厚生閣，2014

『現代コミュニティとは何か』（共著）恒星社厚生閣，2014

自分《じぶん》とは何《なに》か ―「自我《じが》の社会学《しゃかいがく》」入門《にゅうもん》

船津《ふなつ》 衛《まもる》 著

2011年3月7日　初版第1刷発行
2021年4月5日　　　第2刷発行
2025年4月1日　　　第3刷発行

発行者　片岡　一成
印刷・製本　株式会社シナノ
発行所　株式会社恒星社厚生閣
〒160-0008　東京都新宿区四谷三栄町3-14
TEL　03（3359）7371（代）
FAX　03（3359）7375
https://www.kouseisha.com/

ISBN978-4-7699-1241-5 C1036

（定価はカバーに表示）